JN280220

ベンチャー企業
産学官連携と財務組織

Venture business and industry,
academia and government
cooperation and a financial
organization

宮脇 敏哉 著

学文社

◆ まえがき ◆◆◆◆◆◆◆◆◆◆◆◆◆◆◆◆◆◆◆◆◆◆◆◆

　2006年に入り，失われた15年から少しずつ脱却している日本の産業界が，株式市場の株価によって垣間みえる．一般の会社員，自営業者が，特に株にたいして興味をもちだすと，景気は上向くといわれる．この景気回復には，イノベーションが重要と考えられる．東京大学の伊藤〔2005〕が技術革新と市場経済のなかで，市場経済におけるイノベーションの特徴を，次の3点にまとめている．① 企業の競争が新しい技術や製品を競う寡占的な競争になってきた．② その結果，多くの企業で技術開発や製品開発が日常的な活動となり，多くの人材が投入されるようになってきた．③ そして法制度が整備されることで，技術のただ乗りを防ぐとともに，技術開発への誘因が高められ，さらには企業間で技術の取引がより頻繁に行われるようになってきた．要するに，市場経済に組み込まれることで，研究開発や製品開発は一部の天才や変わり者の活動でなく，企業がその存亡をかけて多くの人材を投入する日常的な活動となったのである．

　イノベーションは果敢に挑戦する新技術開発型ベンチャー企業に必要不可欠であり，さらにケイパビリティをもつことによって，限りなく事業は成長し続けることになる．これまでアントレプレナー，イントラプレナーの出口経営戦略であるIPO，M&Aに注目してきたが，IPO，M&Aに達するベンチャー企業が増加したいま，IPO後のベンチャー企業の経営戦略の研究を次の課題にしたいと考える．

　本書においては，中小企業およびベンチャー企業の財務を中心に検討したい．中小企業，ベンチャー企業を経営するうえで重要なことは，財務を読めるかに行きつく．特に簿記は，関心を抱かせることにつきる．最近は学生，大学院生，社会人でも簿記を嫌う風潮があるが，簿記の基本から丹念に学習すれば，正しく学ぶことができる．それには簿記が難しいという思いこみではなく，わかりやすく学習すれば，だれでも理解できることを啓蒙する必要があ

る．中小企業，ベンチャー企業の財務を分析することにより，ステークホルダーに対して正しいデータを提供できる．比率をもとめることが多いが，比率は分子と分母があるわけで，比率にしてしまうと，分子と分母のどちらが変化したのか見えなくなる場合がある．中小企業，ベンチャー企業を比率分析するまえに，実額のチェックも重要となる．中小企業，ベンチャー企業の実態を知るためには，決算書，資金繰表を把握することが重要となる．

　現在，取り組んでいるのがベンチャーキャピタル分野におけるIPO後のベンチャー企業の株価の変動分析である．ベンチャー企業の出口経営戦略としてのIPO，M&A達成後の行動が注目点である．あわせて理論の研究もすすめる予定である．理論とは，仮説の検証から，成り立つ時も成り立たない時もある．理論は不完全なものであり，それを証明することは至難のわざである．概論や変数だけをたどっていると理論構築はむずかしい．しかし理論があれば複雑な学問のなかの一本の筋として見えてくる場合もある．その理論が正しいことの証明は，概論や変数だけでは証明できない．世界の人々が求める方向にある場合に理論の正しさが証明できるのではないかと考える．

　筆者自身がアントレプレナーとしてベンチャー企業を起業した実務経験と25年間の経営者，経営コンサルタント経験を，いかに学問に活用できるかが課題となる．そのために現在，山口大学大学院東アジア研究科後期博士課程にて学問に取り組んでいる．今後の方針としては，ベンチャー企業論を論点とし，経営学各論を随時導入しベンチャー企業論の発展に貢献したいと考える．ベンチャー企業論を日本に定着させた偉大な研究者，清成忠男，中村秀一郎，平尾光司，さらに新進の研究者，松田修一，忽那憲治，中井透，諸先生方の先行研究を早く吸収し，その後につながるオリジナリティある研究を展開したいと考える．

　ここで本書の構成を紹介する．第1章は，ベンチャー企業の形成――日本のベンチャー企業形成と成長であり，先端技術開発型のベンチャーについて検討した．第2章はベンチャーキャピタルおよびファンドの一研究――ベンチャー

企業投資の実際とリビングデッド——について検討した．急成長を続けるベンチャー企業に対して同じく急成長を続けたベンチャーキャピタルおよびファンドの実際を検討した結果，さらにリビングデッドになる投資があることを認識した．第3章ではベンチャーキャピタルおよびファンドの一研究——ベンチャー企業のインベストファンドとファンズオブファンズ——はベンチャー企業に投資するファンドとその投資の一形態であるファンズオブファンズを検討した．第4章においては産学官連携をとりあげた．ベンチャー企業における産学官連携——動きだした大学のTLOとMOT——である．大学発ベンチャーの重要性を検討した．第5章は急速に展開する産学官連携とベンチャー企業経営戦略——ベンチャー企業を生み出す大学とクラスター地域の検討——である．ベンチャー企業の経営戦略であるドメイン，コア・コンピタンスなどをとりあげた．第6章はインキュベーションと産学官連携——日本，アメリカ，ヨーロッパにおける産学官連携と大学発ベンチャー企業——であり，ベンチャー企業を発生させるインキュベーションをとりあげた．第7章はベンチャー企業，中小企業の簿記研究——簿記の基礎を検討する——であり，ベンチャー企業，中小企業の起業家の財務分析力をたかめる基礎部分と考える．第8章はベンチャー企業，中小企業の会計における基礎的考察である．ベンチャー企業，中小企業の資金繰りから財務諸表分析の基礎を検討した．第9章はベンチャー企業，中小企業が必要とする財務会計であり，財務管理からキャッシュフロー計算までを検討した．第10章はベンチャー企業成長に必要不可欠な決算書による財務分析についてであり，決算書による経営分析から比率計算までをとりあげた．第11章はベンチャー企業の組織経営について検討した．組織の定義からアメリカの経営組織，ドイツの経営組織，日本のベンチャー企業の組織を検討した．第12章はベンチャー企業の起業成功例1——オリックスの事業経営戦略と財務——をとりあげた．イントラプレナー型ベンチャー企業の成功例の代表であり，また日本を代表する企業である．第13章はベンチャー企業の起業成功例2——アドバンテストの成長と財務を検討する——アドバンテストの起

業からコーポレートガバナンスまでをとりあげた．第14章はベンチャー企業の起業成功例3——メガチップスを検討する——である．メガチップスの起業から財務，キャッシュフローまでをとりあげた．第15章はベンチャー企業の起業成功例4——フュートレックを検討する——である．フュートレックのスタートアップ期からコア・コンピタンス，事業戦略をとりあげた．さらに財務資料を付けた．第16章はベンチャー企業の起業成功例5——イマジニアを検討する——であり，イマジニアの成立と成長，経営戦略，財務をとりあげた．

本書の特徴としては，5例の新進のIPOベンチャー企業をとりあげたことである．果敢に挑戦する新技術開発型のこれらの成長会社は，これから起業するアントレプレナー，イントラプレナーの大きな指針となる企業と考える．また日本が忘れかけている「モノづくり」の再構築をなしとげることのできるベンチャー企業といえる．本書を作成するにあたりさまざまな研究者のお力をお借りした．

現在以下の研究学会にて活動をしている．オフィスオートメーション学会，日本経営診断学会，日本経営教育学会，関西ベンチャー学会の先生方より，多大なご指導をいただき心より感謝するしだいである．また経営行動研究学会，日本財務経営研究学会，環境経営学会，日本環境会議，早稲田大学アントレプレヌール研究会，ケースメソッド研究会の先生方にも，まだ日が浅いにもかかわらずご指導をいただいている．感謝申しあげたい．

多くの先生方のご指導を受けているが，特に岸川善光教授（久留米大学），北守一隆教授（北海道工業大学），井原久光教授（東洋学園大学），福田昌義教授（日本大学）にはお世話をかけているしだいである．さらに山口大学大学院の指導教授の城下賢吾先生，中田範夫先生，長谷川光圀先生，そして，日々ご指導をいただいている松井範惇先生，植村高久先生，藤原貞雄先生には博士論文へのご指導，ご意見に感謝したい．また山口大学大学院MOTの研究科長上西研教授，はじめ教授陣の先生方にはケースメソッド研究会でのご指導に感謝したい．

さらに，46歳より会社経営者から院生になった私をいつでもささえてくれている妻智代，長男広哉，そして宮崎の元教育者であった両親，父昇，母ツル子には感謝したい．

　今回，出版をこころよく引き受けていただいた学文社の田中千津子社長には，休日返上でうち合わせをしていただき，生涯感謝する．

　最後に研究者の道を開いていただいた関根雅則先生（高崎経済大学助教授），篠原淳先生（山口大学教授），西崎信男先生（九州東海大学教授）に深く感謝する．

2006年1月13日

緑にかこまれた山口大学にて
宮脇　敏哉

◆ 目 次 ・・・・・・・・・

第1章　ベンチャー企業の形成
　　──日本のベンチャー企業形成と成長── ……………………………… 1
　はじめに　1
　1．先端技術開発に挑戦するベンチャー企業　1
　2．ベンチャー企業に必要な若さと高度な知識　4
　3．流通産業，産業区分を超えた存在　6
　4．ベンチャー企業の雇用　7
　5．関西，中部，九州のベンチャー企業　8
　6．アメリカにおけるベンチャー企業　8
　おわりに　10

第2章　ベンチャーキャピタルおよびファンドの一研究
　　──ベンチャー企業投資の実際とリビングデッド── 12
　はじめに　12
　1．ベンチャーキャピタルおよびファンドの活動　13
　2．ベンチャー企業投資　19
　3．ベンチャー企業の活動　23
　おわりに　26

第3章　ベンチャーキャピタルおよびファンドの形成と資金投資
　　──ベンチャー企業のインベストファンドとファンドオブファンズ── … 29
　はじめに　29
　1．ベンチャーキャピタルおよびファンドの必要性，重要性，活動状況　30
　2．ベンチャー企業の資金調達　33
　3．ベンチャー企業のインベストファンドとファンドオブファンズ　37
　おわりに　45

第4章　ベンチャー企業における産学官連携 ……………………………… 48
　はじめに　48
　1．産学官連携　49
　2．TLOにおける技術移転の現状と展望　51
　3．大学発ベンチャー企業投資の現状と産学官連携予算　55
　4　アントレプレナーを育てる　58
　5．アメリカのハイテクベンチャー企業の産学連携術と大学　60

おわりに　62

第5章　急速に展開する産学官連携とベンチャー企業経営戦略
　　——ベンチャー企業を生み出す大学とクラスター—— ……………… 65
　　はじめに　65
　　1．ベンチャー企業を急成長させるドメインとコア・コンピタンス　66
　　2．ベンチャー企業のインキュベーション　69
　　3．次世代の産学官連携　75
　　4．ベンチャー企業クラスター地域　78
　　おわりに　79

第6章　インキュベーションと産学官連携
　　——日本，アメリカ，ヨーロッパにおける産学官連携と大学発ベンチャー企業—— …… 82
　　はじめに　82
　　1．産学官連携の歴史と現在　83
　　2．アメリカの大学形成，産学連携，大学発ベンチャー　87
　　3．ドイツ，オランダの産学官連携　90
　　4．ヨーロッパの産学官連携　94
　　おわりに　95

第7章　ベンチャー企業，中小企業の簿記研究
　　——簿記の基礎—— ………………………………………………… 99
　　はじめに　99
　　1．ベンチャー企業，中小企業の必要とする簿記論　99
　　2．ベンチャー企業，中小企業の簿記会計の前提　102
　　3．簿記会計の役割　102
　　4．簿記会計学の制度　103
　　5．正規の簿記の原則　105
　　6．資本取引と損益取引の区別の原則　105
　　7．簿記の実際　106
　　おわりに　108

第8章　ベンチャー企業，中小企業の会計における基本的考察 ……… 110
　　はじめに　110
　　1．ベンチャー企業，中小企業の資金繰り　111
　　2．会計原則の必要性　112

3．企業会計の領域　115
      4．財務会計の意義　116
      5．関係比率　117
      6．企業会計の仕組み　117
      7．会計諸則における財務諸表体系　118
      8．損益計算書の内容　119
      9．会計の機能　120
      10．財務諸表分析の必要性　122
      おわりに　123

  第9章　ベンチャー企業，中小企業が必要とする財務会計
　　　　──財務会計── ………………………………………………… 125
      はじめに　125
      1．ベンチャー企業，中小企業の財務　126
      2．財務管理の意義　127
      3．財務会計の目的　129
      4．財務会計と管理会計について　131
      5．会計学と簿記学　132
      6．財務情報分析の論点　133
      7．総資本利益率と自己資本利益率と財務レバレッジ　134
      8．キャッシュフロー計算書　135
      おわりに　137

  第10章　ベンチャー企業成長に必要不可欠な決算書による財務分析… 139
      はじめに　139
      1．決算書による経営分析　139
      2．ベンチャー企業，中小企業，大企業の経営分析　141
      3．財務諸表の分析　142
      おわりに　145

  第11章　ベンチャー企業の組織経営 ……………………………………… 147
      はじめに　147
      1．組織定義の問題点　148
      2．組織定義の例　149
      3．組織とは何か　149
      4．アメリカの経営組織　151

5．ドイツ経営組織論　152
　6．具体的な組織構造　153
　7．日本のベンチャー企業の組織　156
　おわりに　156

第12章　ベンチャー企業の起業成功例1
　　　──オリックスの事業経営戦略と財務──　………………………… 159

　はじめに　159
　1．オリックスの事業戦略　159
　2．オリックスのビジョン　160
　3．オリックスの自動車事業　161
　4．不動産関連ファイナンス事業　161
　5．プリンシパル・インベストメント事業　162
　6．コーポレート・ガバナンス　162
　7．コンプライアンス強化の取り組み　163
　8．イノベーションへの挑戦　165
　おわりに　166

第13章　ベンチャー企業の起業成功例2
　　　──アドバンテストの成長と財務──　………………………………… 174

　はじめに　174
　1．アドバンテストの起業と歴史　174
　2．アドバンテストの方向性　175
　3．アドバンテストのテクノロジー　176
　4．アドバンテストのソリューション　176
　5．アドバンテストの環境経営とCSR　177
　6．アドバンテストのコーポレートガバナンス　178
　7．アドバンテストの財務　180
　8．アドバンテストのインカムゲイン　183
　9．アドバンテストのキャッシュフロー経営　184
　10．アドバンテストのグローバル化　185
　おわりに　186

第14章　ベンチャー企業の起業成功例3
　　　──メガチップス──　……………………………………………………… 188

　はじめに　188

1．メガチップスの起業とスタートアップ期　189
    2．メガチップスのビジョンと起業活動　189
    3．メガチップスの財務　190
    4．メガチップスの営業および財務状況　193
    5．キャッシュフロー　200
    おわりに　201

第15章　ベンチャー企業の起業成功例4
──フュートレック── …………………………………………… 202
    はじめに　202
    1．フュートレックのスタートアップ　203
    2．フュートレックの経営戦略　203
    3．フュートレックIP戦略とコア・コンピタンス　204
    4．フュートレックの事業戦略　205
    5．フュートレックのコーポレートガバナンス　206
    おわりに　208

第16章　ベンチャー企業の起業成功例5
──イマジニア── ………………………………………………… 212
    はじめに　212
    1．イマジニアの成立と成長　213
    2．イマジニアの経営戦略　213
    3．イマジニアの経営方針　214
    4．イマジニアの経営成績および財務状態　214
    5．イマジニアのキャッシュフロー　215
    おわりに　223

第1章

ベンチャー企業の形成

―― 日本のベンチャー企業形成と成長 ――

◆ はじめに ・・・・・・・

　日本にベンチャー企業の概念が1971年に入ってきて35年が経過した．様々なベンチャー企業が誕生し，その多くが消えていく．そのような環境のなかで出口経営戦略であるIPO, M&Aに到達した例も多い．近年注目を集めている情報関係では，イマジニア，フュートレック，メガチップスが挙げられる．これらのベンチャー企業は未来型といえる情報関係をドメインとし，急成長を遂げている．ハイリスク・ハイリターンのベンチャー企業は，上記の成功した企業もあれば，大幅な減収になり，業態転換をしている企業も出ている．

　本書においては，ベンチャー企業の形成，成長を中心に検討し，特にベンチャー企業において不足する財務経営を論点にしたいと考える．

1．先端技術開発に挑戦するベンチャー企業

　ベンチャー企業を取り巻く環境は健康，環境，新エネルギー関連の新市場の開拓や，バイオテクノロジーやナノテクノロジーなど先端分野での産学官連携の進展などで，新しい展開を見せるようになっている．

2

　日本経済新聞社と日経産業消費者研究所は，2003年に全国の取材網を活用して株式未公開企業を原則に注目度の高いベンチャー企業2,124社を選び，アンケート調査を実施した．調査は日経リサーチが担当し，アンケートを郵送，2003年9月1日時点で回答してもらった．回答数は797社（回答率37.52％）だった．それによると，ベンチャー企業は2002年度に前年度比で売上高は7.8％伸び，さらに経常利益は24.5％と大幅な増加となった[1]．

　ベンチャー企業の2002年度の前年度比の売上高の伸びを見ると，製造業が1.2％減，非製造業が12.9％増と前年度に引き続き非製造業の好調が目立った．業種別では情報提供サービスが27.6％と大きく伸び，それに続いて住宅，建設，不動産，卸・小売業，化学・ゴム製品，その他サービスが前年度比2桁の伸びを示した[2]．図表1－1にて提示する．

　日本経済新聞社〔2004〕によると，ベンチャー企業の株式の上場やジャスダ

図表1－1　業種別2002年度の前年度比売上高伸び率（回答社数10社以上）

業種	伸び率（％）
全体	7.8
製造業	-1.2
非製造業	12.9
情報提供サービス	27.6
住宅・建設・不動産	20.8
卸・小売業	10.9
化学・ゴム製造業	10.6
その他サービス	10.4
食品	4.8
ソフトウェア開発	4.3
精密機械	1.5
一般産業機械	-0.8
その他製造	-1.8
電子・電機	-4.8

出所）日本経済新聞社〔2004〕『日経ベンチャー企業年鑑』p.4

ック(店頭)公開についての考えを聞くと,株式公開は「1〜2年以内に公開」が14.7％,「3〜5年以内に公開」が18.7％と,両方合わせると33.4％が5年以内の公開に意欲を見せている(日本経済新聞社,日経産業消費研究所調査797社より).図表1－2に株式公開意欲を提示する.

日経産業消費者研究所〔2004〕によると,最近は中小・ベンチャーの研究開発施策を強化,拡充する自治体がこれまで以上に目につく.栃木県,宇都宮市などが出資する第三セクター「とちぎ産業交流センター」は,2003年4月から同センター内に研究開発型の企業向けに「インキュベート室」18室を開設,宇都宮大学等,大学との共同研究を始めたベンチャーも表れている.北海道でもバイオテクノロジー(生命工学)関連分野の成長性が期待できることから,北海道ベンチャーキャピタルが運営するベンチャー投資基金「ホワイトスノー第二号投資事業有限責任組合」に北海道中小企業総合センターとともに出資,大学発ベンチャーなどを支援している.

京都府でも関西文化学術研究都市のけいはんなプラザ(京都府精華町)にある「京都府けいはんなベンチャー・センター」の研究開発,試作用のレンタルラボを低価格で独創的なアイデアをもつ中小・ベンチャー企業に賃貸している.29区画あり,入居期限は最長3年で,学生起業家には家賃を割り引くなど,早期の自立を支援している.

本書においては産学官連携について,3章に渡って触れているので後章にて

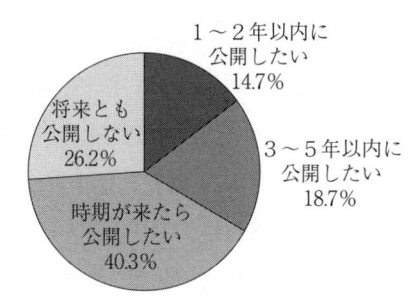

図表1－2 ベンチャー企業のIPOに対する意欲

- 1〜2年以内に公開したい 14.7％
- 3〜5年以内に公開したい 18.7％
- 時期が来たら公開したい 40.3％
- 将来とも公開しない 26.2％

参照されたい．

2．ベンチャー企業に必要な若さと高度な知識

　情報産業の経営者は，産業が新しく知識集約的であるだけに，独自の特徴を有している．たとえば，コンピュータ関連産業（主としてソフトウエア・サービス業）についてみると，国民金融公庫（現・国民生活金融公庫）調査では，30歳代が70％を占めている．若い世代でなければ適応しにくい産業であることが明らかである．また，学歴をみると大学卒が実に90％を占めており，この点からも知識集約型産業としての特徴が窺える．

　さらに，開業前の勤務先企業をみると，同業あるいは他業種の大企業から独立した者が80％に達し主流を占めている．ここで他業種といっても職種としては同じである．たとえば，日本通運のコンピュータ部門から独立してソフトウエア開発会社を設立するという具合である．

　このように経歴はかなり多様であるが，成功している経営者はハードウェアのメーカー出身の技術者が多い．ユーザーのコンピュータ部門から独立した文科系統出身の経営者には成功していない者も見受けられる．総じて技術者不足の状況下にあるため優秀な人材を集め，育成し，管理するには，経営者自ら優れた技術者であることが要請されるようである[3]．

(1) マーケティング関連産業

　研究開発とともに企業にとって決定的に重要になっているのが，マーケティングである．そして，今や経済・社会のダイナミックな変化は，マーケティング分野にも急速に浸透しつつある．マスプロ・マスセールス中心から"小さく考える"マーケティングへといった変化の演出者は誰か．

マス・マーケティング時代の終わり

　マスプロ時代の終わりとともに，マーケティングにも転換の時期が訪れてい

る．自動車・家電などの大型産業の成長屈折が予想され，それに代わる大型産業の登場は期待薄だ．のみならず，一般的な所得水準の上昇は需要の多様化，高級化，個性化，流行化を押し進める．

　消費者が個性を主張する選択的消費の時代が到来している．今や無差別な大量消費の時代，万人共通のブランドが中心となっていた段階は終わり，市場は細分化され，いわば少量市場の時代に入りつつある．さらに，大量生産と大量流通に対する消費者の反発もようやく表面化しつつある．いわゆる製品差別化時代の展開である．

　大量生産時代から製品差別化をベースにした多品種少量生産時代への移行は，当然企業にとってはベンチャーが必要になったことを意味する．今や画一的で大雑把な思考ではなく，選択的思考法により"小さく考える"ことが必要になる．

　だが，大企業においては，与えられた仕事の効率的処理が優先し，マスプロ時代では製品のありきたりな広告でも威力を発揮するものの，結局は平凡な製品の平凡な広告しかできない．組織の巨大化のゆえに，かえって各部門のフィードバック・サイクルの調整がうまくいかず，企業内に情報ギャップが生ずる．大企業では，新しい時代に照応した新しいマーケティング手法を起こせないのだ．[4]

(2) システム・オルガナイザーへ

　多くの企業は自らの特徴を明確に意識しておりマーケティング関連産業内に多くの企業は独自の企業ポジションを確保している．なかでも最右翼は，広告制作業者から脱皮し，商品の販売を促進するいっさいの活動を担当する一群の企業である．

　一連のマーケティング諸機能を有機的に結びつけ，しばしば広告主と大手代理店の間に介在し，システム・オルガナイザーの役割を果たしている．

　さらに，広告主の社外のテクノストラクチュアとして，広告主のマーケティ

ング戦略に積極的に介入している．場合によっては製品の開発をも手がけ，広告主の意志決定にも参画する．媒体の開発にも意を用い，優れた広告表現とも相まって，製品差別化時代への積極的な適応を図っている．製品の特異性が特異な広告表現を生み出すのであり，製品の差別化が独創的な広告を生み出すことになる．独創的な製品を開発するベンチャー・タイプの中小企業を広告主とすることにより，自らもベンチャーを行うのである．最もマーケティング関連産業におけるベンチャー・ビジネスの本格的登場は，むしろ今後であろう[5]．

3. 流通産業，産業区分を超えた存在

　ベンチャービジネスは高い収益性と成長性をもっていることに特徴がある．またそれは，既存の業種の枠に当てはまらないビジネスであるものが多く，独自のマーケットを開拓する傾向が強く，産業構造の革新，すなわち成熟した重化学工業主導型の産業構造から知識集約型産業構造への移行の担い手として評価されている．

　欧米でもわが国でも，このベンチャー・ビジネスは製造業の分野に多い．しかし，とはいえその発展が製造業にのみ限定されているわけではない．たとえばパリのシャンゼリゼにノウレッジ・インターナショナル・マーケティングという会社がある．西欧の代表的ベンチャー・キャピタルEED社の融資対象となっているこの企業は，製品の着想から商品化までの幅広いサービスを提供し，国際的規模であるゆる型のメディアに適合する形態での製品開発を進める能力をもつといわれている．

　このようなマーケティング機能に特化した企業がわが国にも出現しており，流通産業におけるベンチャー・ビジネスの一つの型として注目されるが，その他この分野においてもベンチャー・ビジネスの存立形態は多様である．

　もともと電子，機械化学産業などの製造業におけるベンチャー・ビジネスは，新製品の研究開発とそのマーケティングに経営資源を集中する結果とし

て，実際の生産過程は社会的分業にゆだねるものが多い．特に中小企業を含めて，新鋭設備の比率が高く，しかも成熟した重化学工業をもつわが国においては，この傾向が強いのである．このような型の企業は製造業に属していても，事実上は工場をもたないメーカーなのである．

　要するに製造業におけるベンチャー・ビジネスは，製品開発，生産，流通における優れたソフトウエアをもつところがあり，それ自体「経済のサービス化」傾向を体現しており，伝統的な製造業・流通業・サービス業といった産業区分を越えた存在となっているのである．このことは流通産業において独自の市場創造能力をもつ新企業が製品開発機能と結びつく時，ベンチャー・ビジネスとして発展しうるということを示唆するものである[6]．

4．ベンチャー企業の雇用

　太田肇〔2001〕によると，ベンチャー企業は，いわば中堅企業・大企業の予備軍でもある．したがって，仮に「実験」が成功すれば新しいワークスタイルやマネジメントのシステムは，他の中堅企業や大企業にも広がって行くであろう．

　働く人々と企業の双方から，ワークスタイルの思い切った革新が求められており，開拓者であるベンチャー企業に注目が集まっている．

　ベンチャー企業は，新たな雇用の担い手としてのみならず，21世紀の働き方を先取りするモデルとしても注目される．実際に個人の価値観や目的に忠実な働き方をする人たちが増えている．

　組織に属して働きながらも，ストックオプションや成果報酬によって，大企業ではとても望めないような大金を手に入れる者がいる．将来のアントレプレナーを目指し，実践の中で経営を学ぶ者がいる．子どもの頃からの趣味が高じて，いつの間にかそれを職業としてしまった者がいる．SOHO（Small office, home office）裁量労働で，時間や場所に拘束されず自分のペースで仕事をする

者もいる．

5．関西，中部，九州のベンチャー企業

　関西，中部，九州のベンチャー企業支援団体が情報技術（IT）関連企業の育成で今秋にも連携する．各地域のベンチャーを3団体が紹介し合い資本・業務提携先企業を見つけやすくする．地域の枠を越えてベンチャーを育成する．
　連携するのは大阪商工会議所（大阪市），中部地区の監査法人やマスコミで構成する東海ビジネスドットコム（名古屋市），福岡県の外部団体のフクオカベンチャーマーケット協会（福岡市）．北海道や東北のベンチャー支援団体にも連携を呼びかける．各団体はベンチャー企業の事業計画発表会を定期的に開いてきた．今秋からは関西の企業を名古屋や福岡での発表会に参加させる．3団体が有望企業を紹介し合えば，提携先企業を見つけやすくなる．（大商）地方のベンチャーは提携先を探すために首都圏に本社機能を移転することがあるという．支援団体が連携すれば，空洞化も防げると見ている[7]．

6．アメリカにおけるベンチャー企業

　アメリカにおけるベンチャー企業を考えるとき，今最も注目されるのはシリコンバレーである．シリコンバレーの特徴として，①ベンチャービジネスが主流であること，②多くのベンチャービジネスが互いにシナジー効果を発揮していることが挙げられる．シリコンバレーでベンチャービジネスの成功を支えるものとしては，①個人のもっているアイデアをビジネス化すること，②事業に伴うリスクと報酬をシェアすること，がともにシステムとして確立されていることが挙げられる．
　また，シリコンバレーに限らず，アメリカで次々とベンチャー企業が誕生している背景には，①情報技術の発達，②企業の事業規模縮小（ダウンサイジン

グ）と業務の外注化（アウトソーシング），③投資金額の増大等といった環境要因の変化と大企業の行動がある（ただし一方でベンチャー企業が次々に廃業している事実も忘れてはならない）．

　そうして生まれるベンチャー企業は，ビジネススピードが速く，成長性が高く，非常に開放的な部品調達を行うといった特徴をもつものになっている．従業員の意識高揚のためのストックオプションや利益配分（プロフィットシェアリング）等の導入も積極的である．これに人材が非常に流動的で，敗者復活も可能という文化的風土的条件が重なって，今日われわれが目にするアメリカのベンチャー企業の隆盛があるといえる．

　近年わが国では，ベンチャー企業に対して大きな期待が寄せられている．過去の二度のベンチャーブームと異なり，第二店頭市場の創設，テクノパーク，インキュベーターの充実といったベンチャービジネスに対する育成や新規創業の支援環境が整いつつあり，またベンチャーキャピタルや国，自治体などの公的機関で本格的な新規開業への融資策の充実や税制上の措置などは，今回のブームが一過性のものではなく，日本経済構造改革の糸口となることを窺わせている[8]．

　株価がピーク時より約9割も下がったドイツテレコムは株式市場中心の産業経済への移行を目指す試金石だったため，同社株を購入した国内の個人投資家は300万人を越えた．ところが，株価が急落したため「株式投資は危険」とのムードが一気に強まった．

　ドイツ家計に占める株式保有額は，1999年をピークに減少．中堅ベンチャー企業向け株式市場「ノイア・マルクト」は，株価低迷に喘ぎ，直接金融の強化を目指した実験は停滞感を強めている[9]．

　日中国交正常化30周年記念事業の一環である「日中ベンチャービジネス・フォーラム」が2002年7月4日午前，北京市内の人民大会堂で開幕した．日中の起業家が講演や分科会を通じて交流し，提携など新たな事業展開を模索する．同フォーラムは日本ベンチャー協議会（平野岳史会長）と人民日報が主催

し，日本経済新聞社などが後援している．日本からは宇野康秀有線ブロードネットワーク社長，大島康広プラザクリエイト社長ら約100人の経営者らが参加し，森善朗前首相，中川秀直前官房長官も出席した．訪中団の名誉団長を務める沢田秀雄HISグループ代表は「日中のベンチャーアントレプレナーが同じ場所で学び，情報交換し，友好を深める．まさに，日中のベンチャー連携時代の幕開けだ．

中国側の主催者を代表して許中国人民日報社長は「産学官の協力は，科学技術は第一の生産力との国策に順応しており，今回の研究会はとても重要だ．」と述べた．[10]

◆ おわりに ・・・・・・・・・・・・・・・・・・・・・

ベンチャー企業論における研究者の中心にいる清成忠男，中村秀一郎，平尾光司が日本のベンチャー企業に多くの指針を与えてきた．1971年の「ベンチャービジネス」の刊行はまさにベンチャー企業論の原点であると考える．著者もこの研究書により，大きな影響を受け，今日があるといえる．

「ベンチャービジネス」において，先端技術開発型の重要性，2000年代におけるナレッジマネジメントの原型を提示しており，多くのベンチャー企業のケースを取り入れている．

注）
1）日本経済新聞社編〔2004〕『日経ベンチャー企業年鑑』日本経済新聞社　p.4
2）同上書　p.4
3）清成忠男・中村秀一郎・平尾光司〔1971〕『ベンチャー・ビジネス』日本経済新聞社　p.108
4）同上書　pp.109-119
5）同上書　pp.115-116
6）同上書　pp.125-126
7）『日本経済新聞』2002年7月1日（朝刊）「関西，中部，九州のベンチャー企

業」記事
8）総合研究開発機構〔1997〕『ベンチャー企業支援のあり方に関する研究』p.6
　（A Study on How Venture Business Should Be Supported National Institute for Research Advancement）
9）『日本経済新聞』2002年7月16日（朝刊）「ベンチャー企業（ドイツ）」記事
10）同上紙　2002年7月4日（夕刊）「ベンチャー企業日中連携を探る」記事

参考文献）

清成忠男・中村秀一郎・平尾光司〔1971〕『ベンチャー・ビジネス』日本経済新聞社

総合研究開発機構〔1997〕『ベンチャー企業支援のあり方に関する研究』（A Study on How Venture Business Should Be Supported National Institute for Research Advancement）

太田肇〔2001〕『ベンチャー企業の「仕事」』中央公論社

第2章
ベンチャーキャピタルおよびファンドの一研究
――ベンチャー企業投資の実際とリビングデッド――

◆ **はじめに** ・・・・・・・・・・・・・・・・・・・・・

　ベンチャー企業投資の実際と活動を，ベンチャーキャピタルおよびファンドの側から研究した．果敢に挑戦するベンチャー企業，アントレプレナー（起業家）に，いかに早く接触し，どのベンチャーキャピタルおよびファンドよりも早く投資できるかが鍵となる．すべての，ベンチャー企業への投資が成功するわけでなく，ベンチャー企業の倒産を含めて，リビングデッドの現象までを取り上げて，ベンチャー企業への投資の難しさを検証する．さらにベンチャー企業への支援策，ベンチャー企業の環境を取り上げ，ベンチャー企業投資の実際を明らかにする．

　ベンチャー企業投資の出発点は，前田〔2001〕によると，新しく会社を起こす場合に，基本的な資金調達は，アントレプレナー，共同経営者のそれまでの蓄え，家族，知人，エンジェルファンド，その他からの資金提供にある．会社が回りはじめれば，会社の生み出すキャッシュフローが，会社の活動原資として利用されることになる．しかし，それだけの資金では，大きな仕事はできないので，成長するためには，どこかで外部資金の調達を行わなければならない．

　外部資金とは，ベンチャーキャピタルおよびファンド等の出資を受けるか，

銀行等から融資を受けるということである．さらに自治体による間接ベンチャーキャピタルおよびファンドもある．創業支援に熱心な自治体が多くなってきており，様々な動きがある．そのうち最も注目すべきものは「間接ベンチャーキャピタルおよびファンド」と呼ばれる仕組みである．一例として，フォレックス（FORECS）大阪府研究開発型企業新興財団がある．資金の流れが，大阪府→民間ベンチャーキャピタルおよびファンド→ベンチャー企業となる．ただし，うまくいかないことがあり，投資した資金が返ってこないことも多くある．ベンチャー企業への投資は，成功よりも失敗の比率が高いことを，念頭に置いておかなければならないと考える．いわゆるハイリスク・ハイリターンである．果敢に挑戦するベンチャー企業を育成するためには，同じく挑戦するベンチャーキャピタルおよびファンド，エンジェルファンドが不可欠であると考えられる．

1．ベンチャーキャピタルおよびファンドの活動

（1）ベンチャー企業とベンチャーキャピタルおよびファンド

民間のベンチャーキャピタルおよびファンドで，起業金融に積極的なのは，大手よりも個人ベースで事業をやっているところである．一例として，ソフト開発会社のネクサスを取り上げる．起業支援専門のベンチャーキャピタルおよびファンドを設立する計画をして，マリアキャピタルと命名した．同ファンドには，数名のベンチャー企業経営者が参加し，自身の経験をもとに，メンター活動もするアメリカ型である．ようやく日本でも芽を出したといえる．[1] アントレプレナーの企業に投資するのが，ベンチャーキャピタルおよびファンドであるが，その投資が成功か失敗に分かれるのは，次の２つである．第一は強いアントレプレナーがいるかどうか．第二はそれが実現されるような外的な条件があるかどうか．[2] アントレプレナーが存在し，ベンチャー企業が設立され，ベンチャーキャピタルおよびファンドが投資して，ベンチャー企業が急成長できる

図式が成立すると考えられる．「経営者といっしょに走り抜く気構えが肝心」と独立系ベンチャーキャピタルおよびファンドの，グローバルベンチャーキャピタルの長谷川社長は述べた．ベンチャー企業の経営を手厚く支援する投資方法は，もともと一部の独立系ベンチャーキャピタルおよびファンドからスタートした．今では既存の大手ベンチャーキャピタルおよびファンド各社とも，同様の投資姿勢を掲げている．

　日本のベンチャーキャピタルおよびファンドは，従来上場を間近に控えた，未公開企業の株式を取得することが多かった．現在では，起業の初期に経営陣と同じ条件で投資したうえで，経営に参画し高い投資利回りを目指すベンチャーキャピタルおよびファンドが，増加している．

　ベンチャーキャピタルおよびファンドが強化したいベンチャー企業への支援内容は，①財務内容の改善指導，②支援・M&A仲介，③経営手法の指導，④人材仲介，⑤追加出資，⑥人材派遣，⑦技術紹介などがあり，ファイナンス関係の支援を希望することが多い．

　ベンチャーキャピタリストは，ベンチャー企業内に自身のデスクをおき，ともにIPOをめざすことが多い．また株式市場の低迷，不況の影響で，ベンチャー企業の経営環境は，厳しさを増加させていると考えられる．対策としてストックオプションと株式発行により資金導入をしている．日本テクノロジーベンチャーパートナーズの村口代表によると，経営陣がストックオプションをもてば，主体的に経営に取り組み，さらに外部のコンサルタント，取引先に付与することにより，協力関係をより強化できると資金導入の柔軟性を必要とする．[3] 次にベンチャー企業の育成制度の仕組みについて図表2―1において明らかにする．

　図表2―1に，みられるように，ベンチャー企業育成のために，国，中小企業事業団，都道府県が多くの制度を策定し多額の資金を投入している．しかし，そのなかにはベンチャー企業を標榜する中小企業が多く，その対応に苦慮しているのも事実である．果敢に挑戦する企業，アントレプレナーを，発掘す

図表2－1　ベンチャー企業育成制度の仕組み

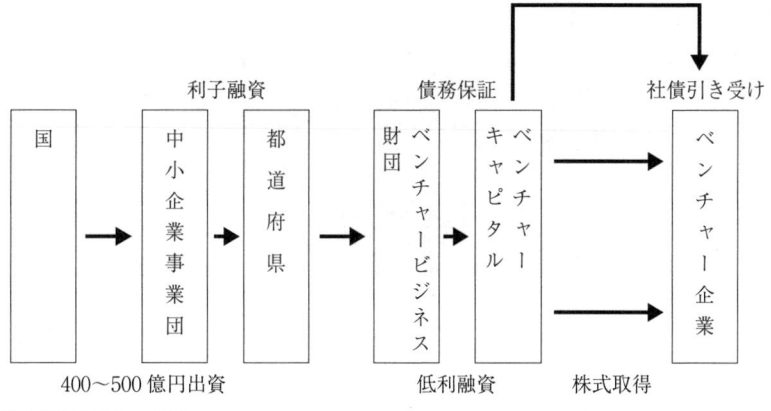

```
                利子融資        債務保証         社債引き受け
                                              ┌─────────────┐
                                              │             ↓
┌───┐    ┌─────────┐  ┌───────┐  ┌─────────┐  ┌───────┐  ┌───────┐
│   │    │中小企業 │  │都道府 │  │財団ベン │  │ベンチ │  │ベンチ │
│国 │───→│事業団   │─→│県     │─→│チャービ │─→│ャーキ │─→│ャー企 │
│   │    │         │  │       │  │ジネス   │  │ャピタ │  │業     │
│   │    │         │  │       │  │         │  │ル     │  │       │
└───┘    └─────────┘  └───────┘  └─────────┘  └───────┘  └───────┘
         400～500億円出資              低利融資    株式取得
```

出所）浜田〔1996〕p.145

ることもベンチャー企業育成事業の一貫であると考えられる．次にアメリカのベンチャー企業成功例をあげる．バイオベンチャー企業のセレーラ社は，2000年にすべての遺伝情報（ゲノム）を解読したと発表した．ゲノム解読は今後の製薬産業に大きな影響を与えると考えられる．ITベンチャー企業と並ぶバイオベンチャー企業の育成が，急務であることをこの例は示唆した．日本の製薬企業は，1年で10％以上研究開発費を増額するようになった．その理由として解読されたゲノム情報をもとに，医薬品候補を探すゲノム製薬の開発である．図表2－2において，日本，アメリカの特許出願数を提示しベンチャー企業の役割を検証する．

図表2－2で判明したように日本では，基礎研究をになっているのが，大企業（76％）であり大学公的機関（13％），ベンチャー企業（11％）と産学官連携の中心研究機関の大学の比率が大変低いと読み取れる．またベンチャー企業の研究開発型が，少ないと読み取れた．反対にアメリカにおいては，大学公的機関とベンチャー企業で83％をしめ，基礎研究の結果が出ていると考えられる．

特にバイオベンチャー企業の，立ち遅れがアメリカに比べて大きい．日本の医薬品メーカーは，世界の大手製薬企業に比べて規模がはるかに小さく，ゲノ

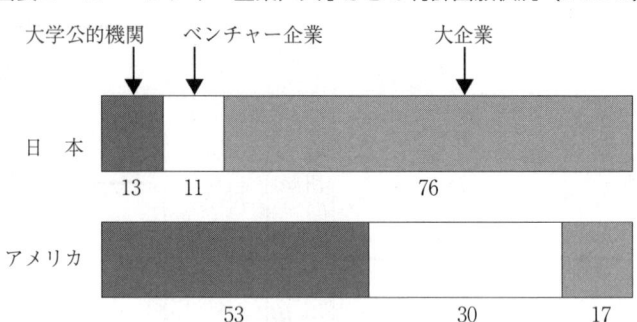

図表2—2　ベンチャー企業，大学からの特許出願状況（100%）

	大学公的機関	ベンチャー企業	大企業
日本	13	11	76
アメリカ	53	30	17

出所）『日本経済新聞』2002年5月10日　筆者図案変更作成

ム創薬の研究開発費が少ない[4]．図表2—2にて表示されたように，日本でのバイオベンチャー企業の躍進には，アメリカ同様にベンチャー企業の育成に尽きると考えられる．将来バイオベンチャー企業の研究に取り掛かりたいと考える．

(2) 日本，アメリカのベンチャーキャピタルおよびファンド

　ベンチャーキャピタルおよびファンドは，ベンチャー企業への投資以外に，大企業の子会社や連結会社を対象としたマネジメント・バウアウト（MBO：経営陣による企業買収）にも力を入れている．理由として，これまでのベンチャー企業に対する投資において，株式公開（IPO）もできず，ましてや資金引き揚げもできない状態に，陥ったからである[5]．この状態を「リビングデッド」という．くわしくは（3）のリビングデッドの削減にて取り上げる．2002年には，ネットバブル崩壊（2001年）の影響で，ベンチャー企業への投資熱が，世界的に冷えた．未公開企業を抱えるベンチャーキャピタルおよびファンドが，増加の一途をたどっている．これに対して，未公開株式を買い取る，投資会社が誕生している．「2次買い取り」といわれる．代表的な会社として，イギリスのコラー・キャピタル（ロンドン）が挙げられる．代表のジェレミー・コラーによると，2次買い取りビジネスとして，ベンチャーキャピタルおよびファンド

第2章　ベンチャーキャピタルおよびファンドの一研究　17

から未公開企業株を，まとめて買い取り，事業計画を練り直し，企業価値を引き上げ，その後IPOさせ，利益を得ている．一例として，コラー・キャピタルが，アメリカのルーセント・テクノロジーズが保有していた，ベンチャー企業27社を一度に買い取った．今後も良質な案件には積極的に対応する予定である．日本での2次買い取り市場は，アメリカ，ヨーロッパのベンチャー企業と比べて，低迷している．理由として，日本の企業は，市況の落ち込みや事業戦略の転換に対して，保有株を売却して投資を中止する土壌が，ないと考えられる．しかし，日本の未公開株投資市場は，長期的にみて活動が活発になると推測できる[6]．これまで，この項においてリビングデッドと2次買い取りについて，述べてきたが，さらにアメリカのベンチャーキャピタルおよびファンドの現状とインベスターの投資マインドを述べたい．2001年には日本のベンチャーキャピタルおよびファンドの企業買収投資が，増加した．これは収入源の増加と多角化を推進するためと考えられる．買収投資は事業基盤がある程度確立した，大企業の子会社などを投資対象としている．ベンチャー企業投資に比べてリスクが少ないためと思われる．ベンチャー投資に対する，インベスターの選別眼が厳しくなるなかで，エヌ・アイ・エフベンチャーズは投資対象が異なる買収ファンドを新たに設立すれば，インベスターのニーズに対応でき，さらに運用手数料収入の増加になると述べた．一例として，日本アジア投資による2001年の買収を挙げる．消費者金融会社の関西クレジット（広島県福山市）を同社が買収したが，わずか半年で売却に追い込まれた．その原因は，貸出金利の低下による，投資先を取り巻く環境が，悪化しIPOが見込めなくなったことである[8]．

　ベンチャーキャピタルおよびファンドによる企業買収投資の取り組み状況は2002年日本経済新聞社によると調査対象の約45％が「はじめる計画はない」約25％が「今後取り組みたい」また約10％が「はじめている」であった．

　ベンチャーキャピタルおよびファンドによる企業買収について，明らかになったことは，半数が買収に積極的であり，半数が買収に消極的であることであ

る．これは，元来ベンチャーキャピタルおよびファンドは，アントレプレナー，ベンチャー企業に対して投資し，IPOにより高いリターンを求める体質があるためと考えられる．2001，2002年と企業再成ファンドの台頭もあり，ベンチャーキャピタルおよびファンドも，企業買収，売却によるハイリターンを求めていると考えられる．ベンチャーキャピタルおよびファンドは，ベンチャー企業投資から企業買収へ転換しているようにも感じられる．次項において，その原因と思われるリビングデッドについて検証する．

(3) リビングデッドの削減

　日本のベンチャーキャピタルおよびファンドは，投資件数，投資金額の拡大に大きな目標を置いている．しかしベンチャーキャピタルおよびファンドが，投資したベンチャー企業すべてがIPOしているわけではない．投資する段階では，IPOできる可能性が高いと判断しているが，事業計画通りには，進まないことが多い．予定より遅れてでもIPOできれば良いが，大幅に遅れて初期投資から10年以上経過してもIPOできないベンチャー企業が多い．本章でのリビングデッドを定義する．秦・上條〔1996〕の定義により，「リビングデッドは予定をすぎてもIPOできず，反対に倒産もしないで低迷した収益状態にある投資先」とする．

　リビングデッドは，投資額が拡大すればするほど，増加すると考えられる．投資したベンチャー企業が，リビングデッドになっても，投資時点の企業価値（株価）より現在の企業価値の方が，大きいと評価できれば，収益が出ていると考えられる．リビングデッドの実際を，検証してみる．投資後7年（本論では10年以上とする）以上のリビングデッド調査（日経産業新聞2002）によると，リビングデッド数は，666社あり，証券系ベンチャーキャピタルおよびファンド8社の投資先は345社であった．1社平均43社のリビングデッドを抱えている．銀行系は5.7社，独立系0.7社平均であった．

　さらに日本経済新聞社の調査によると，リビングデッドに対する，ベンチャ

ーキャピタルおよびファンドの姿勢がわかる．1番目に多く回答していたのが「社内ルールに基づき評価減などの対応をしている」であり48社（44.0%）．このことにより，社内ルールの設置が進んでいると思われる．2番目に多かったのは「経営者などに買い戻してもらった」で40社（36.7%）．次に「投資会社などにまとめて売却」10社（9.2%）であった．リビングデッドを[10]検証することによりベンチャー企業すべてが，ベンチャーキャピタルおよびファンドの投資を受けても急成長してないことが明らかになった．次項においては，1．においても取り上げた，ベンチャー企業支援についてさらに2．の（1）において掘り下げる．

2．ベンチャー企業投資

（1）ベンチャー企業への支援策

　ベンチャー企業支援は，今まで金融面のみが先行していた．ベンチャー企業支援には，もっと幅広い経営支援が必要と考えられる．アメリカでは，ベンチャーキャピタルおよびファンド，エンジェルファンド，事業家が，投資先のベンチャー企業の経営に積極的に参加し，成長のための支援を行っている．日本でも，アメリカ並の支援が必要と考えられる．そのためにはファイナンスを実施する側の経営支援能力を高めなければならない．受け入れ側のベンチャー企業経営者も，資金投入だけで口は出してもらいたくないという，考えをかえる必要がある．事業発展の節目節目に，エキスパートからの的確な助言や支援を受けて，安定成長が見込める．ベンチャー企業は，チャレンジ精神だけでは成功しないと考えられる[11]．投資先の支援を磐石にするためには，真のベンチャーキャピタリストを養成する必要がある．ベンチャーキャピタルおよびファンドは，ベンチャー企業の作成した事業計画を分析し，その成長性を予測したうえに成功確率を判断する．その具体的な過程は，投資先のベンチャー企業に対する経営支援により成長を計画通りに達成させ，企業価値を高めることにある．

このような経営支援がなければ，ハイリターンを得ることは，むずかしい．経営支援は，相当な経験と素質と努力を要する仕事である．メンターに必要なことはその業種を熟知していることであり，企業経営のベテランであることが重要となる．キャピタリストは，ベンチャー企業の検証や相談を受け，効率を高め失敗を防ぐ方策をとっているが，原則として，一人ではじめから終わりまで担当している．そしてそれは報酬にもつながっている．ベンチャー企業へ経営支援し成功させるためには，経営者以上の知識と実力を兼ね備えてなければサポートはできない．この場合の知識とは，単なる技術的知識のみではなく，その技術を発展させ，どうやって会社を成功に導くかというナレッジマネジメントである．[12] ナレッジマネジメントは，ベンチャーキャピタルおよびファンドの社員では，そう簡単に対応できるものではない．そのため経験の浅いキャピタリストはメンターの一員としてエンジェルファンドも巻き込む必要があると考える．

エンジェルファンドには，多くの元アントレプレナー，元ベンチャー企業経営者，元IPO経験者が，かかわっているので，この重要な経営資源を活用すれば，さらにベンチャー企業は活性化すると推測できる．本章においてベンチャーキャピタルおよびファンドの定義は，秦・上條〔1996〕より以下とする．
定義：ベンチャーキャピタルおよびファンドとは，新たな事業に対し投資される危険資本である．

これは，長年アメリカベンチャーキャピタルおよびファンドの，最高責任者の地位にあり，いくつかの小規模ベンチャーキャピタルおよびファンドを，ニューヨーク株式市場へ上場させた実績をもつ著名なキャピタリスト，マーク・ロリンソン（Mark Rollinson）による．支援策の中でも，日本，アメリカではベンチャーキャピタルおよびファンドの，地域に特化するか，特定の産業に集中するか，成長段階で支援するか，この3つをとっても歴然と違っている．日本では，特化してなくデパート式がほとんどである．比較するとアメリカでは，専門店式である．次に投資資金の資金源について述べたい．ベンチャーキャピ

タルおよびファンドや組合ファンドへ資金を提供することの歴史は日本ではまだ新しい．ベンチャーキャピタルおよびファンド自体の，歴史がまだ30年しかない．それまでは企業に対して，担保による間接金融で資金を提供するという金融常識があった．倒産リスクの大きいベンチャー企業へ，無担保で資金を提供するというエクイティ投資になじんでなかったのである．1982年にJAFCO（ジャフコ）が投資事業組合を日本ではじめて結成しようとした時も金融機関の参加を得られなかった[13]．その後のJAFCOの成功をみて，組合ファンドへの投資が増大した．さらに銀行，証券会社が独自でベンチャーキャピタルおよびファンドを設立した．

次項においては，ベンチャーキャピタルおよびファンドを取り巻く環境を検証したいと考える．

（2）ベンチャーキャピタルおよびファンドを取り巻く環境

ベンチャーキャピタルおよびファンドは約30年前より活動しているが，一般に認知されだしたのは1995年からである．円高によって製造業が，アジア諸国に工場を移し，産業の空洞化がはじまり大企業の雇用が構造的に減少した．このころから雇用を中心にベンチャー企業の存在感が増してきたと考えられる．アメリカでは，コンピュータ関連やデータ通信，医療・健康サービス，バイオなどの，ハイテクベンチャー企業から新産業が次々と創世されている．日本では，これまで産業を支えてきた重電，重工，自動車に，かわる次の産業がみえない危機感がある．そのためベンチャー企業を渇望するとともに，それを育成するベンチャーキャピタルおよびファンド，エンジェルファンドの重要性に気が付いた[14]．取り巻く環境のなかでは，1．の（3）でも取り上げているリビングデッドが大きな要因を占めている．

ベンチャーキャピタルおよびファンドの成長とともに発生するリビングデッドを削減しなければ，ベンチャーキャピタルおよびファンドはベンチャー企業投資から外れて行くと考えられる．民間のベンチャーキャピタルおよびファン

ドは，国家的見地から投資するわけではないので，投資額を競わない方がリビングデッド削減になる．ポートフォリオのよさを競って，ベンチャー企業ともよく話し合いをして，M&Aを含めて回収技術のレベルアップを図るべきと考えれられる．[15] またリビングデッドの2次買い取りについては本章の中でも述べているように，早急に買い取りシステムを構築することが望まれる．リビングデッド問題はインベスターの投資意欲を欠き，さらにベンチャーキャピタルおよびファンドの成長を妨げる原因となり，ベンチャー企業の成長鈍化につながると考えられる．企業再生ファンドのようなファンドによる買い取り，債権売却も必要になると考えられる．次にアメリカのベンチャーキャピタルおよびファンドを，取り巻く環境をみると，日本と比べてベンチャー支援産業が整備されている．NASDAQという，比較的容易に資金調達可能な市場が存在する．系列，伝統にとらわれないビジネス取引があり，いいものを積極的に評価していく姿勢が強い．人材についても産学官において人的流動性が非常に高い．資金の流れに着目すれば，ベンチャー企業の成功が成功を呼び，それがベンチャーキャピタルおよびファンドのシードマネーやエンジェルファンドとなり，それが再びベンチャー企業に資金が還流するシステムが構築されている．[16] 日本においては，人材一つにしても産学官連携が不足している．1,400兆円の個人資産をもつ国民がハイリスク・ハイリターンではあるが，アントレプレナー，ベンチャー企業とともに夢を追い，投資しやすい環境整備が求められる．インキュベーション施設についても，単体ではすばらしい施設が多く設置されてきている．たとえば京都リサーチパーク，神奈川サイエンスパークがある．しかしインキュベーション施設の全国ネットワークの構築，活動が急務と考えられる．次項においては，ベンチャーキャピタルおよびファンドが積極的に，投資しているベンチャー企業の活動を検証する．

3. ベンチャー企業の活動

(1) ベンチャー企業

　ベンチャー企業は，清成・中村・平尾〔1971〕によると，1950年代にアメリカで発生し，1960年代後半には，電子機器，情報産業等の産業に群生した．これにより，ベンチャー企業のシード期，スタートアップ期に積極的に投資する，ベンチャーキャピタルおよびファンドの発生も促した．S. M. ルーベル〔1971〕の調査によれば，アメリカのベンチャーキャピタルおよびファンドは，ベンチャー企業発生初期段階で，432社（うちベンチャーキャピタルおよびファンド専門会社29.4%，ベンチャーキャピタルおよびファンドを行う投資銀行19.9%，中小企業投資育成会社SBICのうちベンチャーキャピタルおよびファンド部門をもつもの20.7%，企業の兼業10.0%となっている）にのぼっていた．このように，ベンチャー企業は，産業社会の新たな段階への移行とともに，登場すべくして登場している．アメリカでは，1960年代にベンチャー企業が，次々に起業した．ベンチャー企業への投資は，大きなリスクを伴なった．ベンチャーキャピタルおよびファンドが，その大きなリスク投資とマネジメント，ノウハウを提供し，その活躍が注目された[17]．清成らによると，ベンチャー企業の特性として地域集中が，挙げられている．ベンチャー企業クラスター地域として，東部のニューイングランド近郊ルート128，西部のサンフランシスコ近郊バロアロト周辺（シリコンバレー）に集中している．これらの地に集中する理由として，ベンチャー企業が知識立地，頭脳立地をするので，すぐれた大学（マサチューセッツ工科大学，ハーバード大学，スタンフォード大学）や研究所（ショックレー研究所）のある地域に群生すると考えられる．またベンチャー企業にとっては，情報交換，マーケット提供，人的交流およびベンチャーキャピタルおよびファンド供給の可能性，さらにエンジェルファンドとの出会いといった，外部経済の利益の享受集積をもたらすものと考えられる[18]．

（2）ベンチャーキャピタルおよびファンドの役割

　ベンチャーキャピタルおよびファンドはベンチャー企業に具体的にどのような援助をしているか検証する．主な役割として，資金提供が挙げられる，次にコンサルタント業務である．コンサルタント業務は，メンターの支援とした方が的確と考えられる．本章においては資金面を中心とした．清成らのベンチャー企業研究によると「資金援助は，出資，普通株取得による場合がいちばん多い．株式取得率は20～40%が一般的である．そして出資額は5万ドルから50万ドルぐらいであり，まれに100万ドルという大口なものもあるが，通常は小口投資が多い．それにベンチャー企業の発行する転換社債や優先株の買い取り，長期貸付，株式買い取り権つき融資，金融機関に対する融資あっせんなどを組合わせる場合もある．」と資金提供の実際を明らかにした．上記により，ベンチャーキャピタルおよびファンドの収益は，出資株式からのキャピタル・ゲインに依存する度合いが大きい，出資が基本的な資金供給方法といえる[19]．次にベンチャー企業がどのような役割にかかわっているか，図表2—4にて提示した．参照されたい．

　図表2—3のように，ベンチャー企業成長のライフサイクルの視点からみると，創業時から不安定急成長期にかけての段階で，ベンチャーキャピタルおよびファンドがかかわってきているのが，明らかになった[20]．図表2—4における基礎研究期，開発研究期はシード期である．創業期，不安定急成長期がスタートアップ期であり，安定成長期，成熟期がそれぞれアーリーステージ期，安定期である．図表2—4により，ベンチャー企業に，いちばん長くかかわりあうのがベンチャーキャピタルおよびファンドと明らかになった．

　次にアメリカの最初のベンチャーキャピタルおよびファンドを検証する．清成らの研究によりアメリカ初期の大手ベンチャーキャピタルおよびファンドは，1940～1950年代に設立された，アメリカン・リサーチ・アンド・デベロップメント（以下ARDと略称）である．ボストンの経済界とハーバード大学の協力で設立された．ベンチャーキャピタルおよびファンドの役割どおり，

図表2—3　ベンチャー企業成長とベンチャーキャピタルおよびファンドの役割

売上高水準	1	2	3	4	5	6
	基礎研究期	開発研究期	創業期（5—10年）	不安定急成長期	安定成長期	成熟期
			プロトタイプの開発	株式公開あるいは大企業の合併		時間
資金供給主体	個人資金自己資金政府補助		ベンチャーキャピタルファンド企業	商業銀行投資銀行	大企業機関投資家	

出所）清成・中村・平尾〔1971：175〕

ARD はボストン近郊（ルート 128）において，第2次世界大戦中に開発された新技術の民需転換に貢献した．創業期より ARD の社長は近年までハーバード大学のドリオ教授であった[21]．ARD 初期の成功例として，トレーサーラブ社を挙げる．ボストン地域において戦後最初に登場した科学的な会社であった．現在のポラロイド社の前身の一社である．トレーサーラブ社は，1945年，ハーバード大学の3名の若い科学者によって起業された．貯金と借金を合わせて数千ドルを元手に，ボストンの下町の古いビルから出発した[22]．

（3）新興市場の上場企業

　新興市場（ジャスダック，ナスダック，アンビシャス，セントレックス，Qボード）に新規上場する企業に対するベンチャーキャピタルおよびファンドの出資比率が高くなている．2002年1～6月に上場した49社のうち，ベンチャーキャピタルおよびファンドの出資比率が2割を超えている企業は20％を超えた．上期でベンチャーキャピタルおよびファンド出資比率が最も高いのは，ナスダック・ジャパンに上場したエルゴ・ブレインズで43.7％である．ジャフコやインキュベイトキャピタルパートナーズ等10社から出資を受けていた．会社設立から4年4ヶ月でのIPOであった．同時期に新興市場に上場した企業の平均17年より短く，ベンチャーキャピタルおよびファンドから得た成長資金が，スピード上場を可能としている．しかしベンチャーキャピタルおよびファンド比率が高い企業は，上場後の株式売り圧力が強まるため，主幹事証券会社が消極的であった．それを払拭する上場が近年増加している．ワークスアプリケーションズは5割以上の出資比率であったが，上場後の株価も安定した[23]．

◆ おわりに

　ベンチャーキャピタルおよびファンドの死角であるリビングデッドを中心にベンチャー企業投資の実際をテーマとして検証した．ベンチャー企業の資金調達には様々な方法があるが，IPOにいたる年数によってベンチャーキャピタルおよびファンドは，リビングデッドいわゆる資金の塩づけ状態の投資案件が増加することが明らかになった．ベンチャー企業に対する多くの支援を，行うベンチャーキャピタルおよびファンドの役割も多く提示した．この役割を続けるためにも，リビングデッド対策を早急にしなければならないと考えられる．対策を急がなければ，ベンチャー企業，ベンチャーキャピタルおよびファンドの発展を阻害すると考えられる．今後の研究課題としては，ベンチャー企業が，ベンチャーキャピタルおよびファンド以外より資金調達する方法の一つの私募

第2章 ベンチャーキャピタルおよびファンドの一研究　27

を掘り下げたいと考えている．プロ私募とは別に個人や一般企業も参加できる少人数私募方式（50人未満）の規制緩和が必要と考えられる．私募がエンジェルファンドではないかとの指摘があるが，私募は機関投資家を対象とすると，経済産業省〔2002〕は述べた．今後ベンチャー企業，ベンチャーキャピタルおよびファンドを研究する上で，株式，債券ともに，重要になると考えられる．

注）．．
 1) 前田正史編著〔2001〕『「ベンチャー企業」論講義』丸善　p.146
 2) 同上書　p.16
 3) 『日本経済新聞』2002年7月11日朝刊「増える投資先密着育成」
 4) 同上紙　2002年5月10日
 5) 『日経産業新聞』「2001年度ベンチャーキャピタル調査」「リビングデッド新評価減で対応増加」2002年7月8日
 6) 『日本経済新聞』2002年5月14日付朝刊
 7) 同上紙
 8) 同上紙
 9) 秦信行・上条正夫〔1996〕『ベンチャーファイナンスの多様化』日本経済新聞社　p.149
　　 リビングデッドに関連して，予定日より早くIPOできる企業は30〜40％であり，残りは予定より遅れる．
10) 同上書
11) 同上書　p.163
12) 同上書　p.173
　　 アメリカで成功しているベンチャーキャピタルおよびファンドの場合，プロフェショナルベンチャーキャピタリストが，1人で仕事をこなしていることも多い．もちろんグループの形態をとっているところもある．
13) 同上書　p.63，p.65，p.77
　　 キャピタリストの経営経験不足が多くみられ，横並び意識の金融機関系，証券会社系のベンチャーキャピタルおよびファンド群が中心的存在となっているので，得意な分野や育成ノウハウを発揮できていない．
14) 同上書　p.104
15) 同上書　p.107
　　 M&AはMerger & Acquisition（吸収合併）という．
16) 総合研究開発機構〔1997〕ベンチャー企業支援のあり方に関する研究
17) 清成忠男・中村秀一郎・平尾光司〔1971〕『ベンチャー・ビジネス』日本経済

新聞社, pp.13-14, p.89, p.163
　　清成らは1971年時点において，その後のベンチャー企業，ベンチャーキャピタルおよびファンドの急成長を示唆した．「電算機，情報処理，ファインケミカル，医療機器，環境制御など次世代のベンチャー企業領域を見とうしていた.」
18) 同上書　p.171
19) 同上書　p.174
　　清成らはp.175において，ベンチャー企業のアントレプレナーは，工学系が多く，財務，資金，マーケティングなどの企業経営に関するナレッジマネジメント不足を挙げ，メンターの必要性を指摘した．
20) 同上書　pp.175-176
　　清成らはp.235の座談会のなかで，アントレプレナーの人物像を特定した．
21) 同上書　p.182, p.185
22) 同上書　p.186
　　ADRの創業期については，ジェーン・ジェコブスが「都市の原理」のなかで紹介した．
23) 『日本経済新聞』　2002年7月20日朝刊「ベンチャーキャピタル出資比率が拡大」
24) 同上紙　2002年7月25日朝刊「ベンチャー支援策で経済産業省私募方式，迅速に資金調達」

参考文献）

前田正史編著〔2001〕『「ベンチャー起業論」講義』丸善
浜田康行〔1996〕『日本のベンチャーキャピタル』日本経済新聞社
秦信行・上条正夫〔1996〕『ベンチャーファイナンスの多様化』日本経済新聞社
総合研究開発機構〔1997〕『ベンチャー企業支援のあり方に関する研究』(A Study on How Venture Business Should Be Supported National Institute for Research Advancement)
清成忠男・中村秀一郎・平尾光司〔1971〕『ベンチャー・ビジネス』日本経済新聞社
松田修一〔1998〕『ベンチャー企業』日本経済新聞社

第3章

ベンチャーキャピタル
およびファンドの形成と資金投資

――ベンチャー企業のインベストファンドとファンドオブファンズ――

◆ はじめに ・・・・・・・・・・・・

　ベンチャーキャピタルは，けっして新しい概念ではない．イザベラ女王が新世界発見の航海にコロンブスに資金を提供したときのことを考えていただきたい．また1645年のSaugus, Massachusetts, Ironwordsによる資金提供（必要な道具を購入するためにイギリスで1,000ポンドの資金を調達したアントレプレナーとしての腕をもつJohn Winthrop, Jr氏が一役かった），1803年頃メリマック川をボストン港とつなげるためのミドルセックス運河，19世紀終わり頃スコットランドの法律会社にあった地域の生産業者の資産がありあまったため，ニューヨーク鉄道とテキサスの牧場に相当の額の投資をした[1]．

　アメリカでの最初のベンチャーキャピタルおよびファンドは，アーサー・ロックの設立したADR（アメリカン・リサーチ・アンド・デベロップメント）である．日本でのベンチャーキャピタルおよびファンドはKED（京都エンタープライズデベロップメント）を第1号としている．

　本章において，ベンチャーキャピタルおよびファンドの必要性，重要性，活動状況を明確にし，ベンチャー企業の資金調達の実態を明らかにしたいと考える．さらにベンチャー企業の血液といえるインベストファンドとファンドオブ

ファンズについて掘り下げたい．

1．ベンチャーキャピタルおよびファンドの必要性，重要性，活動状況

（1）ベンチャーキャピタルおよびファンドの必要性

　ベンチャーキャピタルおよびファンドは，アメリカでのベンチャー企業ブームにより，ボストンで ADR が初登場した．ベンチャーキャピタルおよびファンドの定義は「ベンチャー企業の旺盛な資金需要に対応し，ハイリスク，ハイリターンの危険な投資でも挑戦し，IPO を出口にするファンド」とする．

　日本では 1970 年代初頭に京都にて初のベンチャーキャピタルおよびファンドが誕生した．それに続いて証券系，銀行系ののベンチャーキャピタルおよびファンドが次々に設立された．主なファンドに日本合同ファイナンス（野村證券系，現ジャフコ）がある．ベンチャー企業ブーム第 1 次の 1970 年代に数十社のファンドが設立されたが，ブームが去りそのほとんどが消滅した．第 2 次ブームが 1980 年に発生し，バブル経済とともに多く設立された．図表 3－1 に

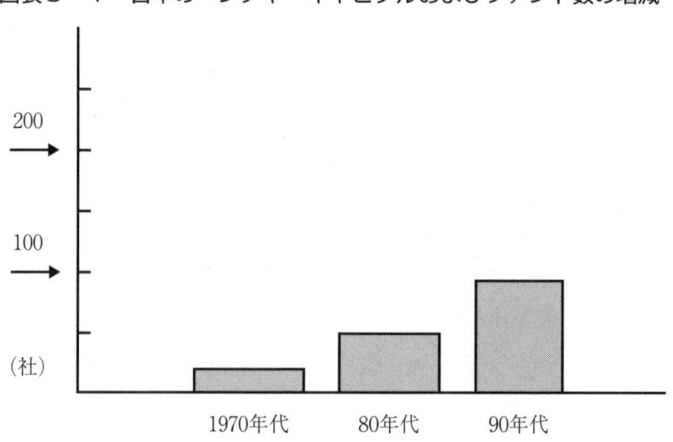

図表 3－1　日本のベンチャーキャピタルおよびファンド数の増減

出所）筆者作成

てファンド増加を提示した.

　図表3－1からも読み取れるが，第1次ブームに比べて第3次ブームの時のファンド数は約3倍になっている．この時点でほぼ各都道府県にファンドが設置されている．

　この設置よりベンチャー企業クラスター地域外においても，ベンチャー企業への支援体制が整い，各地でベンチャー企業が設立し易くなった．ベンチャーキャピタルおよびファンドの必要性は，日本経済にとってかけがえのないものであると考えられる．

（2）ベンチャーキャピタルおよびファンドの重要性

　アントレプレナーにより起業された，若いベンチャー企業ははじめSOHOといわれるスモールオフィス，ホームオフィスまたはガレージより出発する．資金は自己資金，家族，親戚，友人からの資金，そして借入金である．設立後に必要となる資金は，設備，研究費，仕入，販売費，広告費，営業費と多額を要する．自己実現を目指すアントレプレナー，ベンチャー企業にとって旺盛な資金需要に対応してくれる機関が必要となる．

　そこにベンチャーキャピタルおよびファンドが登場してくる．1～3年という短いサイクルの投資でIPOまで到達し多額のキャピタルゲインを得る．投資を受けたベンチャー企業はスタートアップ期に資金を得て急成長し，IPOへ邁進する．その経過を図表3－2にて提示する．

　図表3－2でも分析できるように，ベンチャー企業は起業するシード期においては，資金はほとんど自己資金でまかなう．スタートアップ期になるとエンジェルファンドがサポートする．さらにアーリーステージ期（成長期，安定期）に入ってベンチャーキャピタルおよびファンド，他に政府系金融機関（国民生活金融公庫，中小企業金融公庫など），銀行，証券会社，生命保険会社，損害保険会社がサポートに参加してくる．

　特に自己資金やエンジェルファンドの資金しかない，スタートアップ期以降

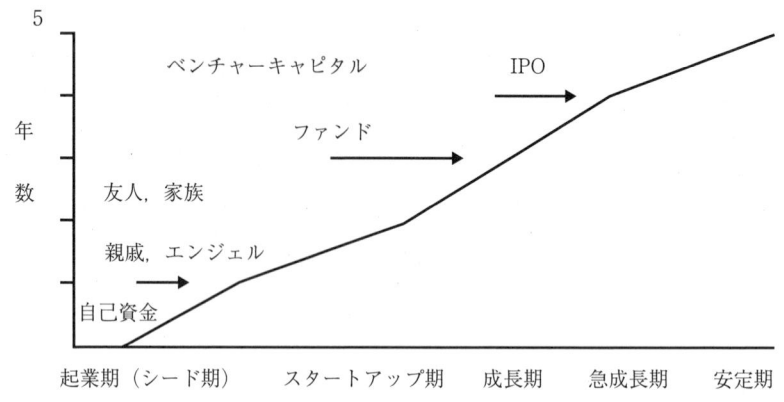

図表3-2　ベンチャー企業の急成長の経過

```
5 ┤
  │         ベンチャーキャピタル        IPO
年 │                              →
数 │                 ファンド
  │                    →
  │    友人, 家族
  │    親戚, エンジェル
  │       →
  │    自己資金
  └─────┬──────┬──────┬──────┬──────┬─
     起業期    スタートアップ期  成長期  急成長期  安定期
    (シード期)
```

出所）筆者作成

のベンチャーキャピタルおよびファンドの投資は，ベンチャー企業急成長の源となり重要性が高いと考えられる．

(3) ベンチャーキャピタルおよびファンドの活動状況

　ベンチャーキャピタルおよびファンドは，どのようにしてベンチャー企業とマッチングしているのかというと，日本においては，各都市で開催されているベンチャーショー，ベンチャービジネスフェア，ベンチャービジネスプラン発表会等にて官民あげてのサポートで機会を作っている．

　2002年の大きなフェアとしてベンチャービジネスKANSAI（大阪での開催で100社以上を集める）の開催が挙げられる．ベンチャーキャピタルおよびファンドは少人数で運営されていて，直接プレゼンテーションする場合はできるだけ短時間で要点を伝える必要がある．技術や将来性だけでなくアントレプレナーの熱意や人柄がみられる．

　ベンチャーキャピタルおよびファンドは，将来成功するか失敗するかわからない挑戦的なベンチャー企業に投資する．成功率が低いと考えられる投資のため，ファンドによっては投資だけでなくベンチャー企業内部に入って実際に経

第3章 ベンチャーキャピタルおよびファンドの形成と資金投資　33

営をコントロールすることもある．

　ファンドはベンチャー企業を短期間に，ジャスダック（旧店頭市場），マザーズ，ヘラクレス（旧ナスダックジャパン）等へ株式上場させキャピタルゲインを得る．以前は上場するのに20～30年もかかっていたのが2～3年で上場するベンチャー企業が現われている．最近の新興市場への上場数を図表3─3にて提示する．

　図表3─3にて札幌のアンビシャス，福岡のQボードの苦戦がわかる．大都市への集中が顕著である．ナスダックジャパンの早期の撤退は，ベンチャー企業ブームに水を差したといえ，さらに東京一極集中が加速したといえる．

2．ベンチャー企業の資金調達

（1）ベンチャーキャピタルおよびファンドの3つの役割

　ベンチャーキャピタルおよびファンドの主たる営業目的は，企業の創業期お

図表3─3　新興市場のベンチャー企業上場数〔2002〕

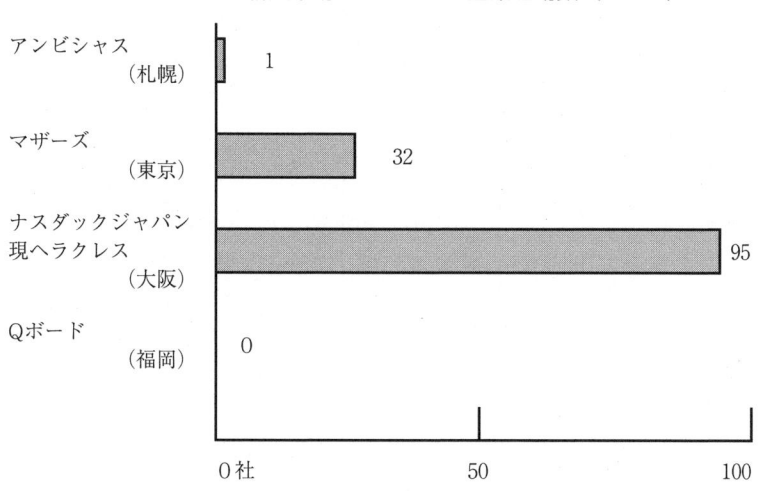

市場	上場数
アンビシャス（札幌）	1
マザーズ（東京）	32
ナスダックジャパン現ヘラクレス（大阪）	95
Qボード（福岡）	0

出所）筆者作成

よび発展期に資金を出資の形態で提供し，その企業がIPO（株式公開）を果たすことにより，キャピタルゲインを獲得することである．ベンチャーキャピタルおよびファンドの役割は3つある．以下に挙げるが図表3－4を参照されたい．

① ベンチャー企業への成長資金の提供

　資金の提供を「貸付金」ではなく「出資」として行うことが原則であるということである．通常は株式の時価発行増資の引受け，転換社債やワラント債の引受け等が挙げられる．

② 営業支援のためのコンサルタントサービスの提供

　業務提携のパートナーの紹介，人材の紹介，海外進出時のアドバイス，商

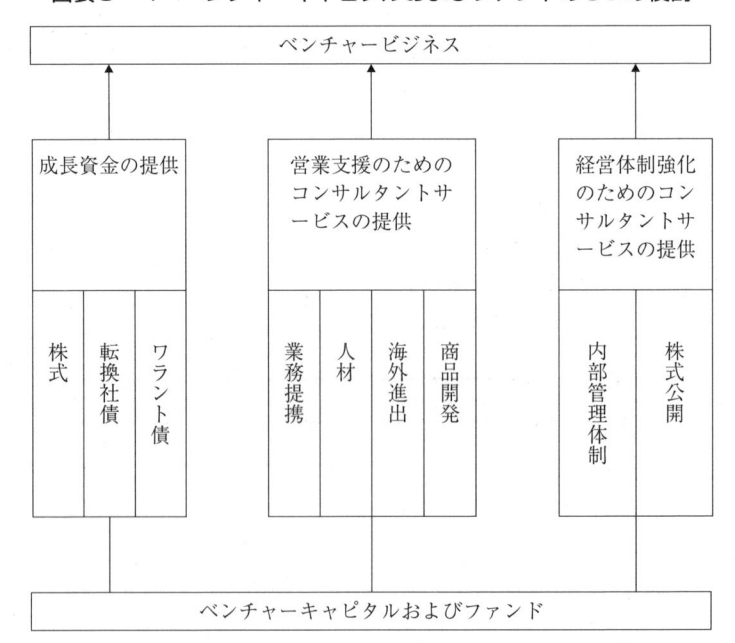

図表3－4　ベンチャーキャピタルおよびファンドの3つの役割

```
┌─────────────────────────────────────────────┐
│              ベンチャービジネス                │
└─────────────────────────────────────────────┘
    ↑                  ↑                  ↑
┌─────────┐    ┌─────────────┐    ┌─────────────┐
│成長資金の│    │営業支援のため│    │経営体制強化 │
│  提供   │    │のコンサルタン│    │のためのコン │
│         │    │トサービスの │    │サルタントサ │
│         │    │   提供      │    │ービスの提供 │
├─┬──┬──┤    ├──┬─┬──┬──┤    ├─────┬─────┤
│株│転 │ワ│    │業 │人│海 │商 │    │内部 │株式 │
│式│換 │ラ│    │務 │材│外 │品 │    │管理 │公開 │
│  │社 │ン│    │提 │  │進 │開 │    │体制 │     │
│  │債 │ト│    │携 │  │出 │発 │    │     │     │
│  │   │債│    │   │  │   │   │    │     │     │
└─┴──┴──┘    └──┴─┴──┴──┘    └─────┴─────┘
┌─────────────────────────────────────────────┐
│       ベンチャーキャピタルおよびファンド        │
└─────────────────────────────────────────────┘
```

出所）朝日監査法人編〔1995：105〕

品開発時のアドバイス等がある．
③ 経営体制強化のためのコンサルタントサービスの提供

内部管理体制整備のためのアドバイス，IPOのアドバイス等が挙げられる．これらのアドバイスは監査法人や公認会計士と共同で行われる[2]．

(2) ベンチャーキャピタルおよびファンドの投資実行と評価

ベンチャーキャピタルおよびファンドの投資実行は8段階になっている．第1段階の投資見込先との出会いが重要であり，有望なアントレプレナーと数多く出会うかが，その後の業績に影響する．果敢に挑戦するアントレプレナーは様々な機会をとらえてベンチャーキャピタルおよびファンドにトライしてくる．シリコンバレーにおいての「レストランでの朝食会」「エレベーター内での数秒間のプレゼンテーション」などはアントレプレナーの質が高いほどトライ数が多いと考えられる．第2段階以降においては，キャピタリストのメンター機能が高機能するかに投資実行の確実性がみえる（8段階：① 投資見込先との出会い，② 事業計画書，諸資料の収集，③ 事業計画ヒアリング，④ 資本政策案・ファイナンス案の提案，⑤ 公認会計士の短期調査・審査，⑥ 投資の可否について審議，⑦ 投資実行，⑧ 企業に対する支援── IPOへ）．

次に投資実行における株式額面による評価を検証する．ベンチャー企業の創業期においては，試験研究費あるいは開発費もかさみ，純利益や純資産がマイナスであるケースも少なくない．このような場合には，投資先の技術審査を強化して，株式額面による評価を行い投資することもある．

ベンチャーキャピタルおよびファンドがベンチャー企業に投資をするにあたって考慮することは，次のような点である．その内容をアントレプレナーは十分に説明できなければならない（朝日監査法人 p.107）．

① 事業内容，製品，商品の内容，競争力および将来性（業界の将来性含）
② 財務状態および経営成績（安定性，収益性に関する比較分析）

③ 経営者の資質，事業上の技術力および特質
④ 公開計画（企業の現状から判断して妥当なものであること）

　朝日監査法人〔1995〕によると，アメリカのベンチャーキャピタルおよびファンドは1991年末で600社を超えている．数が圧倒的に多いこととともに，独立系がそのうちの3分の2を占めている．この独立系のファンドはいろいろな特色をもっておりリスクに対する考え方も異なっている．このためアメリカのベンチャーキャピタルおよびファンドは全体として企業の創業期から発展期までのあらゆる段階において資金提供を行っている．投資実行時に至るまでに，メンターとして財務，マーケティング，経営戦略にとぼしいアントレプレナーに様々なサポートを行う．
　ベンチャーキャピタルおよびファンドの中に投資事業組合というファンドがある．投資事業組合はベンチャーキャピタルおよびファンドが中心となり他に投資家を加えた投資を目的とした組合である．このような形態によりリスクの分散を図る．この投資組合は，商法上の「匿名組合」に該当する．

（3）ベンチャーキャピタルおよびファンドの投資形態

　エム・ブイ・シー，三井物産編〔1997〕『ベンチャー投資の実務』によると，ベンチャーキャピタルおよびファンドは，ある長さの期間（通常10年間）を区切られて投資家から運用資金を任されている投資ファンド（Fund，通常は1本から数本）を運営する主体であり，その運用方法は「ベンチャー企業」への株式投資である．それは4つのステージからなりシード期，スタートアップ期，アーリーステージ期，成長期とステップアップして行く．その4つのステージを以下に提示する．

① シード期（Seed）
　会社としてまだ体をなしていない．基礎技術，アイデア，商品化を目指す

製品やサービスの概念はできているが，事業としては未着手で机上プランにすぎない段階．

② スタートアップ期（Start Up）

会社を設立し，少人数（10数～20人）で研究開発，製品開発に従事．まだ製造，販売開始に至っておらず，収入はない．

③ アーリーステージ期（Early Stage：成長初期）

開発を終え，設備を整えて生産を開始し売り上げが出てきたが経費をカバーするには至らず，まだ赤字の段階．

④ 成長期（Growth）

売り上げが損益分岐点を超え，利益が出ている段階．

シード期，スタートアップ期の段階では製品売り上げによる収入はなく，また担保となりうる資産に乏しい状態で，銀行からの借り入れもほとんど不可能である．このためベンチャーキャピタルおよびファンドに対して株式を発行し，資本参加を仰ぐ．エクイティファイナンス（Equity Finance：新株発行を伴う資金調達）がほとんど唯一事業資金源となる．他にはストックオプションが考えられる．さらにマイルストーン投資（Milestone Investment）または成長段階型ファイナンス（Staged Finance）があり，ベンチャーキャピタルおよびファンドは事業立ち上げに必要な資金を全額一度に投資することなく，半年～1年，間隔で期間を区切って，その間に必要な資金のみを投資する[3]．

3．ベンチャー企業のインベストファンドとファンドオブファンズ

（1）ベンチャー企業のインベストファンド

株式の中には普通株と優先株があるが，ベンチャーキャピタルおよびファンドが購入する株式はベンチャー企業の「優先株（Preferred Stock）」である．最初から「普通株（Common Stock）」を購入するのは，原則として投資先の経営陣

のみである．ファンド戦略としての投資方針の中に投資方針を構成する条件がある．

　ベンチャーキャピタルおよびファンドの投資は臨機応変に進められる．ベンチャーキャピタルおよびファンドは入手した案件に応じて，相応の利益を求める行動をとる．すなわち，あらかじめ投資対象の条件を細かく定めて，それに合った案件を探すというよりは，「行ってくる案件次第で投資内容が決まる」という方が実態に近い．しかし数多くの案件の中から，どのような案件を選び出し，どのように投資するか，という基本方針は決められている．これはファンドを設立するための運用資金を募集する段階で，すでに投資家に対して説明されることであり，ファンド設立後には，さらに詳細について内部検討が行われる．

　つづいて資金募集においては，はじめてベンチャーキャピタルおよびファンドを組成し，資金集めをする者にとっては，たとえ過去に他の関係業界で成功していたとしても，ベンチャーキャピタル業界では新参者として厳しい試練と冷たい扱いをされる．しかしベンチャーキャピタルおよびファンドも一度成功し，トラックレコード（実績）が確立すると，資金集めははるかに容易になり，有名キャピタルファンドには必要以上の資金が集中する過剰応募（Over Subscribe）の状態が起こる．

　資金の多いインベストファンドにとっても，ベンチャー企業起業時の財務状態では，積極的な投資はなかなかできないのが現状である．将来においてのビジョンのみで投資する日本のインベスターは少ない[4]．

　ここで日本の代表的インベスターの日本アジア投資による投資例を挙げる．日本アジア投資は2002年7月に，京都大教授らと組み大学の研究成果の事業化に乗り出した．インベストファンドと教授らが新会社を設立（テクノロジーシードインキュベーション：京都市　往西祐之社長　資本金4,000万円），大学のもつ技術を新会社が事業化し大会社などへ売却する方針である．インベスターとして日本アジア投資系が75％，その他京大工の3教授も参加した[5]．

第3章　ベンチャーキャピタルおよびファンドの形成と資金投資　39

インベストファンドは産学官連携とともに地方銀行，自治体との連携にも積極的にかかわっている．特定地域に投資の重点を置いたり，地元の大学や研究機関から生まれる研究開発型ベンチャー企業の発掘，育成にも力を入れはじめている．地域産業の活性化につなげたい自治体の方針と一致したので連携が進んだと考えられる．次にその事例を3社取り上げた．

① 日興キャピタル

　複数の地方銀行から資金を募り，30億円規模のインベストファンドとする．運用期間は10年とする．地域の起業時の大学発ベンチャー企業に投資する．

② エヌ・アイ・エフベンチャーズ（大和証券系）

　投資地域を絞ったインベストファンドである．

③ フィーチャーベンチャーキャピタル

　石川県とインベストファンドを設立した，岩手県とは15億円規模のインベストファンドを設立[6]．

図表3－5　テクノロジーシードインキュベーション（TIS）

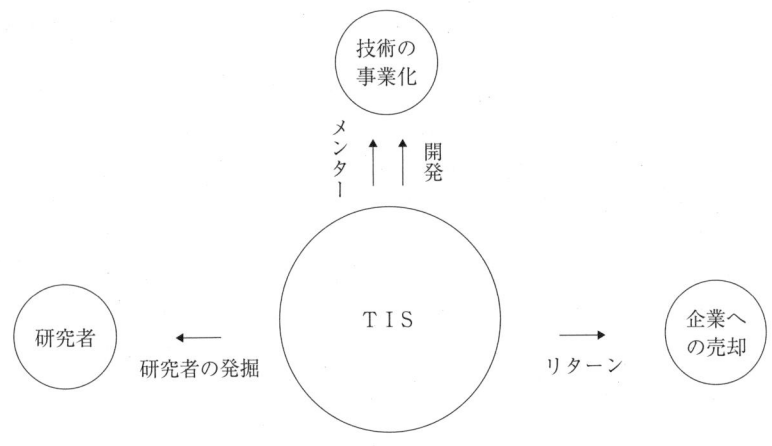

```
                    ┌─────┐
                    │技術の│
                    │事業化│
                    └─────┘
                   メンター↑ ↑開発
        ┌─────┐    ┌─────┐    ┌─────┐
        │研究者│ ←  │ TIS │  → │企業へ│
        └─────┘    └─────┘    │の売却│
              研究者の発掘   リターン └─────┘
```

出所）筆者作成

積極的なインベストファンドにとって重要な制度として，ストックオプション（自社株購入権）が挙げられる．将来においてハイリターンとして資金が戻ってくる確実な方法としてストックオプション制度を利用するインベスターは多い．2001年10月の改正商法によって，従来できなかった子会社の役員，従業員への付与が可能となり，有能な人材をスカウトする場合や顧問弁護士への報酬支払いでも利用できるようになった[7]．

一例としてワールドを見てみる．ワールドは2002年6月の株主総会で，店頭の販売員や社外のデザイナーにもストックオプションを付与することにした．対象となる販売員は全額出資子会社ワールドストアパートナーズの社員である[8]．

インベストファンドとしても企業売却時における社員，取り巻く環境によってハイリターンが望める．

2002年における最大のインベストファンドは，エヌ・アイ・エフベンチャーズの特化型のファンドである．投資対象としては日本のベンチャー企業，企業買収（MBO），海外進出支援等である．資金は500億円に達する[9]．

インベストファンドの投資案件は，様々な案件情報より選別精査される．一番多いのがリードインベスターとなっている他のベンチャーキャピタルおよびファンドからの紹介である．この案件入手（Deal Flow）がインベストファンド設立後の重要作業であると考えられる．ベンチャーキャピタルおよびファンド以外では，会計事務所，法律事務所，経営コンサルタントなどが案件情報を入れてくれる[10]．

（2）アメリカ，ヨーロッパのインベストファンド

アメリカ，ヨーロッパにおいては1980年代よりベンチャーキャピタルおよびファンドが発展し，ベンチャー企業向け長期資金の新たな調達源の拡大が実現した．ベンチャーキャピタルおよびファンドは1945年後にアメリカにおい

て誕生し，1980年代には税制改革，証券規制の緩和により大きく発展した．

アメリカでは1979年に約225社のベンチャーキャピタルおよびファンドが375社の企業に4億6,000万ドルの投資を行い，1987年には700社以上のファンドが1,700社以上に39億4,000万ドルの投資を行った．1980年代にはそれまでファンドが存在してなかった他の先進国においても設立された．

カナダでは1980年時点で20社のファンドにより3億5,000万ドルの投資が，1990年では75社33億ドルに急増した．

イギリスにおいても1979年以前ファンド20社2,000万ポンドにすぎなかった投資が1993年にはファンド100社，投資先1,066社12億3,000万ポンドとなった．イギリスのベンチャーキャピタルおよびファンドは，イギリス外においても36社1億9,100ポンドの投資を行った（イギリスベンチャーキャピタル協会編，BVCA 1994 Year Book）．

インベストファンド投資では，ヨーロッパはアメリカを凌駕しており，1992年には6,197社に47億ECUの投資実績を誇っていた（ヨーロッパベンチャーキャピタル協会編，EVCA 1993 Year Book）．

インベストファンドのベンチャーキャピタルおよびファンドはアントレプレナー精神をもつ起業家の新規創業企業を発見し，資金を供給して，その急成長を支援する触媒機能をもったのである．アメリカには，こうした概念に即応する典型的なファンドが多く存在し研究開発，雇用拡大，輸出増加，税収効果など，経済全体にわたって貢献している．

急成長した企業を以下に提示した．

① 世界標準を作り上げたハイテク企業群
　DEC
　アップル
　サン・マイクロシステムズ
　ロータス

コンパック
プライムコンピュータ

② マーケットイノベーションを実現した企業群
フェデラルエクスプレス
ステープル

　ヨーロッパでもインベストファンドから投資を受けた企業群は，成長速度が早く，雇用増加率が高く，これらの企業群は「経済成長のエンジン」となっている．しかしイギリスでは1990年代は，インベストファンドは減少しているが，原因は機関投資家とベンチャーキャピタルおよびファンドの利害対立から，機関投資家が追加出資を減少させたためによる．ベンチャーキャピタルおよびファンドはこうした減少に懸念を表明した．機関投資家からの出資額は70%減となった[12]（Economist 1991年12月7日号）．

（3）ファンドオブファンズ

　三菱商事と大同生命保険は2002年7月に，国内の株式未公開企業へ投資する200億円のファンドを設立した．インベストファンド事業において大手商社と生命保険会社が取り組むのははじめてであった．ベンチャー企業にとっては事業資金の調達先拡大が期待される．このファンドは「ファンドオブファンズ」と呼ばれた．

　ファンドオブファンズは個別の株式や債券に投資する投資信託（ファンド）とは異なり，他のベンチャーキャピタルおよびファンドなどが運用している複数のファンドに投資する．日本における未公開企業へのインベストファンドを組み合わせたファンドオブファンズははじめてであった．社名は「エー・アイ・キャピタル」で資本金4億円，出資比率は三菱商事66%，大同生命が34%であった．ファンドオブファンズの設定とインベストアドバイスを主事業と

第3章 ベンチャーキャピタルおよびファンドの形成と資金投資

している

このインベストファンドには，両社50億円を投資し，機関投資家，年金基金へも約100億のファンドを販売した．またアメリカ，ヨーロッパにおいても未公開企業に投資しファンドオブファンズも設定する計画である．

ただし未公開企業はIPO（株式公開）による値上がり益が期待できる半面，事業が軌道に乗らないリスクも大きく，投資に専門性が必要となる．ファンドオブファンズは分散投資のため，リスク軽減，安定収益が見込める．

アメリカ，ヨーロッパではベンチャー企業育成や企業買収を目的とするインベストファンドへの資金流入が年間10兆円以上になるが，日本では年間5,000億円に留まっている[13]．

ファンドオブファンズの定義
　インベスターから集めた資金を別のインベストファンドが運用する複数のファンドに投資するファンド

ファンドオブファンズの仕組みを図表3－6において提示した．

（4）ベンチャー企業への直接金融

ベンチャー企業へ資金を供給するベンチャーキャピタルおよびファンドは，トーマツ・ベンチャーサポート（株）編〔2001〕によると「新産業を創出するベンチャー企業にリスクファイナンスを供給することを主たる業務とする．ベンチャー企業の成長支援をするファイナンス企業」である．その目的は，ベンチャー企業への投資の成果としてのキャピタルゲイン（Capital Gain：譲渡所得，資本利得）の獲得である（松田修一『ベンチャー企業』pp. 133-134）．

このようなベンチャーキャピタルおよびファンドとの出会いは，ベンチャー企業にとって資金調達，販路支援の側面からも重要である．ベンチャー企業の最大の課題は，何といっても資金不足であり，インベストファンドが投資するか否かが，成功の第一歩である．ベンチャーキャピタルおよびファンドには，

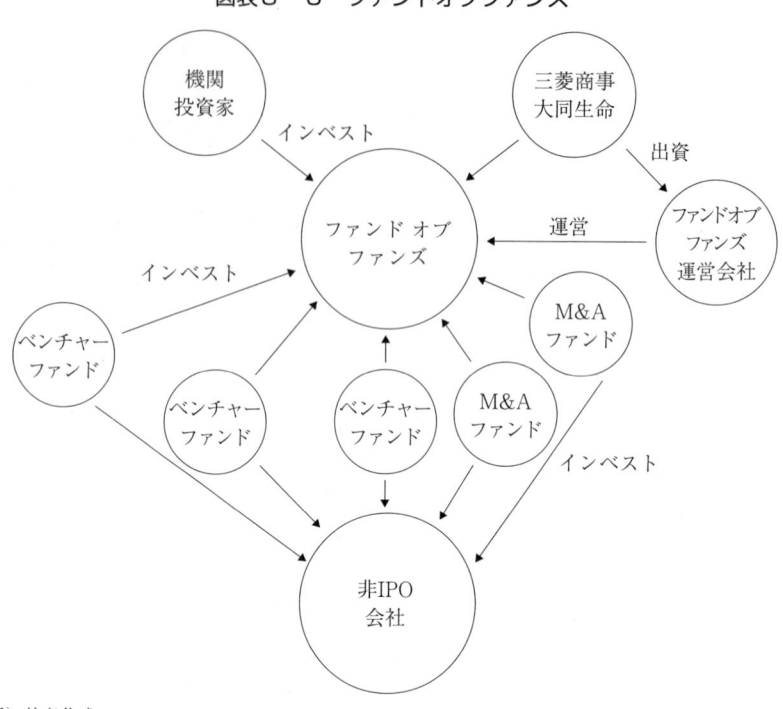

図表3—6　ファンドオブファンズ

(図表：機関投資家 →インベスト→ ファンド オブ ファンズ；三菱商事・大同生命 →→ ファンド オブ ファンズ、出資→ ファンドオブファンズ運営会社 →運営→ ファンド オブ ファンズ；ベンチャーファンド →インベスト→ ファンド オブ ファンズ；ベンチャーファンド、ベンチャーファンド、M&Aファンド、M&Aファンド → ファンド オブ ファンズ；ベンチャーファンド・M&Aファンド →インベスト→ 非IPO会社)

出所）筆者作成

それぞれ特徴がみられるが，全国的観点からベンチャー企業の発掘を行っており，ベンチャー企業に対する評価も全国的基準でみられるため厳しさもある．

従来は，ベンチャーキャピタルおよびファンドがIPO予定会社への投資は数十万円単位であったが，2002年ではベンチャー企業ブームでIT，インターネット関連銘柄には数億円を投資する例もある．

なおベンチャー企業の事業が失敗に終わった場合や収益予想を下回った場合にファンドから投資の返還要求があることを，忘れてはならない．ベンチャーキャピタルおよびファンドは，あくまで民間企業であり，キャピタルゲインを獲得するために投資していることを忘れるべきではない[14]．

第3章　ベンチャーキャピタルおよびファンドの形成と資金投資

◆ おわりに ◆◆◆◆◆◆◆◆◆◆◆◆◆◆◆◆◆◆◆◆◆

　様々なインベストファンドが誕生している現在，注目されているのが，大学発ファンドである．大学の成果をベースに会社を設立するためのファンドを準備している大学がある．アメリカでは，シカゴ大学（アーチ・ファンド），ジョーンズ・ホプキンス大学（トリアッド・インベスターズ），ハーバード大学（メディカル・サイエンス・パートナーズ）などがその例である．これらは，大学の基礎的な研究成果を発展させるための資金が，ベンチャーキャピタルおよびファンドから供給されるだけでは不十分なので大学として資金を供給するために設立された[15]．

　またイギリスでは「ユニバーシティー・チャレンジ・ファンド」として，大学の研究成果の商業化を支援するため，1998年にイギリス政府と慈善基金が出資者となり設立された．サッチャー政権以来，大学への公的な助成金が削減されている，また日本と同様に少子化も進んでいるため，起業支援を学生集めの切り札と位置づける大学が多い[16]．

　日本においては，早稲田大学がファンドを設立したが，全国に波及するには今後数年かかると考えられる．

　ベンチャーキャピタルおよびファンドの研究対象地域が，アメリカ，ヨーロッパに歴史的に集中しているが，今後は東アジア，東南アジア，南アジアに目を向けてみたいと考える．株式市場が設立されて10年〜15年の地域においても，新規事業が多く発生し，急成長している企業があるがIPOをアメリカの市場で行う例が出ている．

　中国においてもインキュベーション施設の設置やベンチャー企業の育成に，力が注がれている．今後のベンチャー企業，ベンチャーキャピタルおよびファンドの検証対象は先進国とともに急成長国を取り上げたいと考える．

注）
1）『エンジェルファイナンス』pp.241-242
2）朝日監査法人編〔1995〕『ベンチャー企業の資金調達』経済法令研究会 p.104
3）エム・ブイ・シー，三井物産営業部〔1997〕『ベンチャー投資の実務』日本経済新聞社　pp.11-12
4）同上書　p.20, 28, 31, 34
5）『日本経済新聞』2002年7月1日朝刊
6）同上紙　夕刊「投資ファンド地銀，自治体と連携，ベンチャーキャピタル地域の有力技術発掘」
7）同掲書　2002年6月26日朝刊「自社株買いや単元株ストックオプションも拡大」
8）同上紙　2002年7月1日朝刊「ストックオプション対象拡大」
9）同上紙　2002年7月3日朝刊
10）エム・ブイ・シー，三井物産営業部，前掲書　pp.38-39
11）Annareetta Lumme, Colin Mason and Markku Suomi〔1998〕*Informal Venture Capital*, Investors, Investments and Policy Issues in Finland　Kluwer Academic Publishers, pp.11-12
12）『エコノミスト』1991年12月7日
13）前掲紙　2002年7月5日「未公開株対象200億円ファンド設立」
14）トーマツ・ベンチャーサポート（株）〔2001〕「ベンチャー企業等の直接金融の活用に関する調査研究」pp.22-23
15）前田正史編著〔2001〕『「ベンチャー起業論」講義』丸善　pp.115-116
16）前掲紙　2002年6月7日朝刊

参考文献）
朝日監査法人編〔1995〕『ベンチャー企業の資金調達』経済法令研究会
エム・ブイ・シー・三井物産営業部〔1997〕『ベンチャー投資の実務』日本経済新聞社
トーマツ・ベンチャー・サポート〔2001〕「ベンチャー企業等の直接金融の活用に関する調査研究」産業研究会
前田正史〔2001〕『ベンチャー起業論講義』丸善
石黒憲彦〔2000〕『ベンチャー支援政策ガイド』日経BP社
豊田博〔1996〕『アメリカ発ベンチャー特電』東洋経済新報社
Gerald, A., Benjamin and Joel B. Margulis〔2000〕*Angel Financing*, How to Find and Invest in Private Equity　John Wiley & Sons, Inc.（桑原祐他訳〔2001〕『エンジェルファイナンス』オーム社）

Annareetta Lumme, Colin Mason and Markku Suomi〔1998〕*Informal Venture Capital*, Investors, Investments and Policy Issues in Finland Kluwer Academic Publishers.

松田修一〔1998〕『ベンチャー企業』日本経済新聞社

第4章 ベンチャー企業における産学官連携

―― 動きだした大学の TLO と MOT ――

◆ はじめに

　大学の研究室で生まれた技術や特許を新産業創生に結びつけようという機運が急速に高まっている．大学は受託研究の窓口やTLO（技術移転機関：Technology Licensing Organization）を開設している．また産業界も産学連携に動いている．大学の「知」を産業競争力に活用する取り組みがはじまっている．

　国立大学と企業の共同研究の件数が2001年度は前年比30.7％増と大幅に伸び過去最高の526件になったと文部科学省が発表している．産学連携への関心が強まったことや各大学で担当組織の整備が進んでいることが追い風になっている．

　課題としては会計処理上の問題のほか国立大学における大学教官の発明の権利，帰属など円滑な技術移転の障害となっている制度上の問題は多い．国立大学は大きな転換期を迎えているが差し迫った2004年の独立行政法人化は従来型の公務員型の独立化ではなく非公務員型の独法化となる．従来は大学の知財は研究者個人に帰属していたが独法化後の知的財産権は，独法化された大学に帰属することになる．これは民間企業の職務発明と同様に大学における発明は大学によってマネジメントされることになる．

そこで大きな問題となるのが大学の知財本部とTLOの関係である．TLOの内部組織なのか関連企業，業務提携なのかをメリット，デメリットにより的確に判断しなければならない．

産学連携において大学発ベンチャー企業の発生が期待されている．大学，産業界，金融業界の代表者らが「産学連携推進会議」を発足させ2002年6月に京都において活動をスタートさせた．そこでは産学連携によって大学の技術をどのように移転するか議論された．

日本においての産学連携が制度化されたのは1998年5月の「大学等技術移転促進法」からになる．制度の目的は産学協同プロジェクトを活発に行い大学のもっている知的所有権を経済社会に還元，促進するためである．今後大学の生き残りの方策として知的所有権を多く確立できる研究型大学が望まれる．本章においては大学発ベンチャー企業を中心にTLOを検証する．

1．産学官連携

(1) 大学発ベンチャー企業への期待

2002年に「産学連携推進会議」が京都で開かれた．そこでは共同研究の強化や大学発ベンチャー（Venture）企業の育成に向け大学の態勢づくりの加速を求める要望が多く出された．そのためには大学に技術経営や知的財産の専門家を迎えたり技術移転を扱う部門など大学の組織改革や人材流動化が必要と指摘された．

産学が技術開発やベンチャー企業創業で協力する態勢が各大学において出てきている．事例として慶應大学では武田薬品，中外製薬等15社連携で医学部内にリサーチパークを設置した．早稲田大学では旧早稲田実業の校舎を使用しインキュベーション施設を設置した．早稲田大学のインキュベーション施設にはIM（Incubation Manager：インキュベーションマネージャー）が常駐し24時間使用できる体制になっている．IMの必要性として学生が起業する時，会社の概念

がわからないので会社とはどのようなもので,会社の組織はどのようになっているか,事業計画書の作成の仕方等々の指導が含まれている.

　大学発ベンチャー企業が多く発生し成長することによって産業界が活性化され,また日本の経済の再発展が期待される[1].

(2) 大学発ベンチャー企業の輩出

　松田〔2003〕は大学発ベンチャー企業の定義を以下のように提示した.「大学および大学関係者の保有する技術を含むコアスキル（Core Skill：中核の技能）を活用して,大学関係者などが起業し運営に重要な関与をしているベンチャー企業」とした.定義の中には3つの基準ベース（コアスキルの帰属者,起業主体,運営関与方法）がありそれぞれの関係は図表4—1のとおりである.

　図表4—1においてコアスキルの帰属者は大学および大学関係者であるが,その範囲も多様である.大学関係者の職務発明が大学に帰属するのであれば特許等の所有者が大学および大学機関,たとえばTLO（技術移転機関）となる.しかし日本においてこの制度がはじまったのは,1998年5月以降である.大

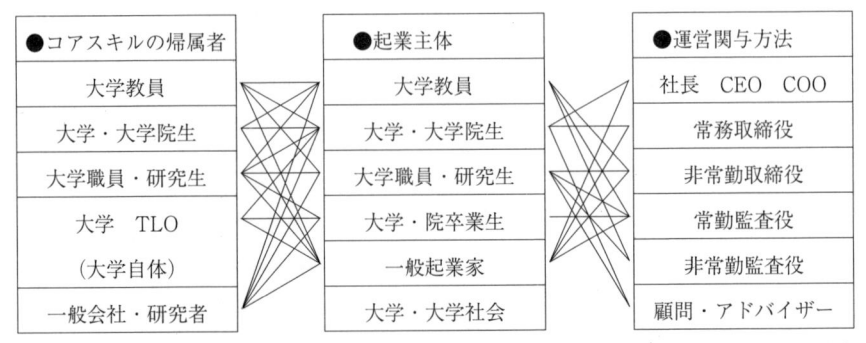

図表4—1　大学発技術ベンチャー企業の多様性

●コアスキルの帰属者	●起業主体	●運営関与方法
大学教員	大学教員	社長　CEO　COO
大学・大学院生	大学・大学院生	常務取締役
大学職員・研究生	大学職員・研究生	非常勤取締役
大学　TLO	大学・院卒業生	常勤監査役
（大学自体）	一般起業家	非常勤監査役
一般会社・研究者	大学・大学社会	顧問・アドバイザー

　注）CEO（最高経営責任者：Chief Exective Officer）：その人物が企業全体の経営方針を決める最高権力者
　　　COO（最高執行責任者：Chief Operating Officer）：企業運営最高責任者
　　　その他にCFO（最高財務責任者）,CIO（最高情報責任者）などがあり各1名ずつ就任する[2].
出所）『JICPAジャーナル』2003年1月号　p.27より筆者が加筆修正

第4章　ベンチャー企業における産学官連携　51

図表4－2　日本，アメリカの技術移転比較

	日本	アメリカ
大学発ベンチャー企業	128	2,256
TLO数	22	139
TLOを通じた技術移転件数	69	15,480

注）日本は現状，アメリカは1999年までの累計[3]．
出所）『JICPAジャーナル』2003年1月号　p.27

学関係者には大学学生，大学院学生，卒業生，教員，職員，研究員が含まれる．

　起業主体といえるにはベンチャー企業のシード期，スタートアップ期に重要な役割を果たしており，技術供与，指導，資本出資，社外役員などで関与していることが重要である．

　運営関与方法で多いのが非常勤取締役，非常勤監査役，顧問，アドバイザー，コンサルタントである．大学研究者は優秀な経営者でない場合が多いので外部から代表取締役社長（専門経営者）を迎え非常勤で関与する方が適切と考える．大学発ベンチャー企業はきわめて多様である．技術，コアスキルの帰属者，起業主体，運営関与方法の3つを基準に分析するとわかりやすい．大学発ベンチャー企業は年間300社程度の輩出は目前にきている．図表4－2において技術移転の日本とアメリカの比較を提示した．参照されたい．

2．TLOにおける技術移転の現状と展望

(1) 大学等技術移転促進法の背景

　山本〔2003〕は小泉改革による知財大綱の決定，知財基本法の制定，国立大学の独立行政法人化に伴う大学改革などは後世に残る大手術というべき改革であると述べた．知的財産の創出，保護と活用は日本の産業の国際競争力を高め経済を活性化させるキーポイントである．大学の「知」をどのように社会に還元するかが産学連携の役割と考えられる．

大学技術移転促進法（大学等における技術に関する研究成果の民間事業者への移転に関する法律）が発布されたのは1998年である．この法案により，TLOが誕生した．文部科学省，経済産業省の承認を受けることで承認TLOになることができる．大学技術移転促進法は大学等における技術に関する研究成果の民間事業者への移転の促進を図るための措置を講ずることにより，新たな事業分野の開拓，産業の発展育成を目的としている．

大学等技術移転促進法の制定要因は，① 景気回復に向けた基盤整備目的，② 大学改革に向けた環境整備，③ 知財立国の実現のための環境整備，④ アメリカ，ヨーロッパの産学連携の成功による刺激である．

（2）アメリカの産学連携による技術移転

中小企業庁〔2000〕によると，アメリカでは研究者が成果をあげるために様々な連邦施策が実施されてきた．なかでも大きな影響を与えたのは，1980年のバイドール法である．それまでは連邦政府の資金援助にて生まれた研究成果の所有権は連邦政府に帰属したが，バイ・ドール法により研究成果が大学に帰属できるように変更された．

この措置を受けて大学はTLO（技術移転機関：Technology Licensing Organization）を設置し大学研究者からの研究成果を受け，それらを評価し特許取得の決定や特許権実施許諾のためのシステムを確立した．しかしアメリカのTLOも最初から機能していたわけではなく，1980年代初頭には大学が生み出す研究結果と産業界の求めるニーズとは大きなギャップが存在した．その後ベンチャーキャピタル，ベンチャーキャピタルおよびファンド等の誕生によりTLO活動が機能しはじめた．

アメリカでは特許移転事務室（Transfer Licence Office）を設置している大学もあり特許等の民間への移転を積極的に行っている．たとえば特許料収入でアメリカ1位のカリフォルニア大学では1994年に約5,000万ドルを得ている．多くの大学が多額の特許料収入を得ている．同年には大学からの技術ライセンス

第4章 ベンチャー企業における産学官連携　53

によって241社の会社が起業し，雇用創出に大きく貢献している．同年の日本では国立大学の特許技術斡旋件数は9件にすぎない．[4] 図表4—3にてアメリカの大学の技術移転，起業への寄与とTLOについて提示した．参照されたい．

　図表4—3において地域全体による起業，ベンチャー企業支援はシリコンバレー（Silicon Valley）におけるハイテクノロジークラスター（High Technology

図表4—3　アメリカの大学の技術移転への寄与とTLO

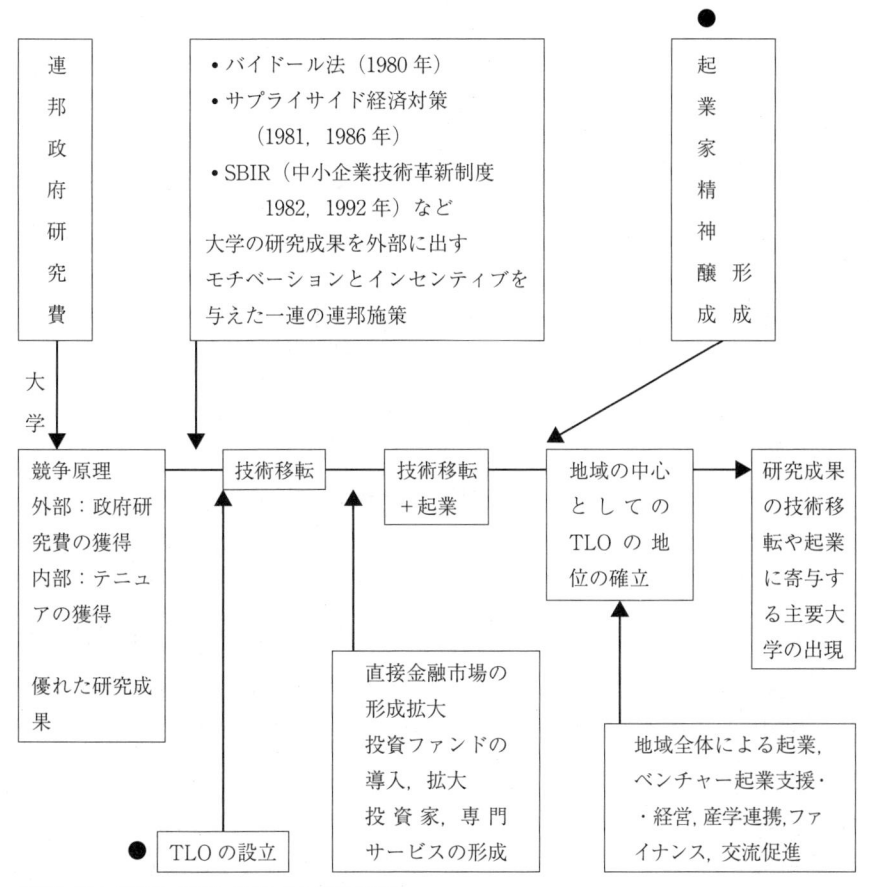

連邦政府研究費	・バイドール法（1980年） ・サプライサイド経済対策 　　（1981，1986年） ・SBIR（中小企業技術革新制度 　　1982，1992年）など 大学の研究成果を外部に出す モチベーションとインセンティブを 与えた一連の連邦施策			起業家精神醸成形成	
大学					
競争原理 外部：政府研究費の獲得 内部：テニュアの獲得 優れた研究成果	技術移転	技術移転 ＋起業	地域の中心としてのTLOの地位の確立		研究成果の技術移転や起業に寄与する主要大学の出現
TLOの設立	直接金融市場の形成拡大 投資ファンドの導入，拡大 投資家，専門サービスの形成		地域全体による起業，ベンチャー起業支援・・経営，産学連携，ファイナンス，交流促進		

出所）中小企業庁〔2000：265〕より筆者が修正
　注）テニュア（終身雇用の権利）．

Cluster：高度先端技術群）のことである．アメリカは1980年代初頭は景気低迷に陥りそれを打破するための施策としてバイドール法が制定された．以後10年で経済復活を遂げることになる．

（3）日本の産学連携による技術移転

先端技術ベンチャー企業の台頭はすでに新時代の潮流になろうとしているが，これを促進する以下の働きがある．① 新しい先端領域はナノテクノロジー（Nanotechnology：微小技術），バイオテクノロジー（Biotechnology：生命工学），インフォメーションテクノロジー（Infomation Technology：情報技術），エンビロメント（Environment：環境）である．② 上記の技術は研究室の研究成果が直接産業につながる．③ 政府の支援が受けられる．

1997年以降政府による支援策が次々と出されている．
- 主要大学へのTLOの設置と資金支援．
- 産学連携研究活動への助成金制度導入やコーディネーター派遣の公的支援．
- 国立大学研究者の兼業禁止緩和と民間企業の役員就任が可能に．
- 経済産業省による大学発ベンチャー企業1,000社計画の推進．
- 大学内インキュベーションスペースの相次ぐ開設．
- MOT（Management of Technology：技術経営学修士）講座の相次ぐ開設．
- 国立研究所（2002年度）と国立大学（2004年度）の独立行政法人化．[5]

1997年以降，政府の積極的な行政改革を経て今日，大学の技術移転は容易にできるシステムになりつつある．しかしMOTの開設大学院は2003年までに早稲田大学，芝浦工業大学，横浜国立大学，東京大学，東北大学など数校にとどまっている．幸いなことに大学発ベンチャー企業は急速に増加しており2001年度は251社，2002年末には500社を突破した．このうち2割がIPO（Initial Public Offering：株式公開，株式上場）を計画していることが産業経済省の調査でわかった．大学発ベンチャー企業が最も多い大学は早稲田大学（42社）

で，東京大学（32社），慶応大学（24社），京都大学と大阪大学（各23社）が続いている．2004年には政府の大学発ベンチャー企業1,000社計画達成ができる予定である．大学発ベンチャー企業531社の業種は以下となる．①IT関連30.9％，②バイオ関連24.7％，③機械，装置14.3％．そのうちIPOを目指すのは92社である．さらに29社は5年以内のIPOを計画している[6]．

このような大学発ベンチャー企業の出現は先端技術ベンチャー企業時代の到来を示している．今後も大学発ベンチャー企業の起業が続くことにより日本経済の再成長がはじまると考えられる．

3．大学発ベンチャー企業投資の現状と産学官連携予算

（1）ベンチャーキャピタルおよびファンドの選別投資

ベンチャーキャピタルおよびファンド（Venture Capital Fund）が選定投資の姿勢を強めている．日本経済新聞社と日経産業消費研究所の2002年のベンチャーキャピタルおよびファンド調査によると大学技術，バイオテクノロジー，ナノテクノロジーを事業化する企業への投資が急増している．運用難にあるインベスター（Investor：投資家）や機関投資家はベンチャーキャピタルおよびファンドを通してハイリスク，ハイリターン分野へ積極的に資金を提供している．

日経リサーチのデータによると99社の会社の年間総投資額は1,673億円と2001年に比べて29％減少している．投資額が最も多かったのは3年連続でソフトバンクインベストメント（SBI）で295億円で，2位はジャフコの274億円であった．

総投資額が減少するなかで大学発ベンチャー企業への投資は53億円と大きく伸びている．エヌ・アイ・エフベンチャーズ（NIF）は大学技術には有望な技術が多く既存の投資先とシナジー（相乗）効果も期待できると展望を述べている．2002年9月の東京証券取引所マザーズのアンジェスエムジー（遺伝子医薬品開発）のIPOによってインベスターに安心感が広がった．

ベンチャーキャピタルおよびファンドの海外投資も増加傾向にあり，中国への投資は27億円，ヨーロッパへは39億円であった[7]．

日本経済新聞社〔2003〕によると，日本におけるベンチャーキャピタルおよびファンド各社の投資額は，①ソフトバンクインベストメント（投資額295億円，社数71社），②ジャフコ（同275億円，同140社），③エヌ・アイ・エフベンチャーズ（同201億円，同89社），④日本アジア投資（同87億円，同138社），⑤オリックスキャピタル（同71億円，同157社），⑥UFJキャピタル（同50億円，同120社），⑦みずほキャピタル（同50億円，同162社），⑧安田企業投資（同42億円，同81社），⑨CSKファイナンス（同39億円，同25社），⑩フューチャーベンチャーキャピタル（同39億円，同56社）である．

ソフトバンクインベストメント，オリックスキャピタル，CSKファイナンスの3社は日本における代表的アントレプレナー，イントラプレナーによるエンジェル活動である．上位10社にアントレプレナー，イントラプレナーが多く入ることによって日本におけるベンチャー企業の経済エンジンが始動すると考える．

2005年における日本最大のベンチャーキャピタルは野村證券系のジャフコである．また上位に銀行系のベンチャーキャピタルが3社入っている．

（2）ベンチャーキャピタルおよびファンドと大学

2003年慶応大学は，学内から起業を促進するためベンチャーキャピタルおよびファンドを構成するジャフコ，エヌ・アイ・エフベンチャーズ（NIF），UFJキャピタル，東京中小企業投資育成，日本ベンチャーキャピタルや伊藤忠商事と協定を結んだ．教員が開発した特許技術の情報を優先的に提供し各社に事業化計画を提案してもらう．慶応大学の教員のかかわるベンチャー企業は15社（大学関係者関連を入れると24社）であるが，学外からの起業ノウハウを導入し大学発ベンチャー企業を30社に増加させたいとしている．

同大学のTLO（技術移転機関）である「知的資産センター」が窓口となり事

業化の可能性の高い案件より契約する．TLO は 1998 年に設置し国内外で約 300 件の特許を出願した[8]．しかし起業件数は伸び悩んでいる．

(3) 産学官連携予算と大学

　アメリカが 1980 年代の産業再生の原動力とした産学連携を検証することによって日本も 2000 年代は再始動の時と産学官あげて取り組みだした．シリコンバレーのスタンフォード大学によるベンチャー企業（シスコシステムズ，サンマイクロシステムズ等）の多くの輩出は，アメリカ産業界にとっての経済エンジンとして好景気をもたらした．

　日本においても産学連携を加速するため縦割り行政の文部科学省，経済産業省が手を携えて産学連携促進に乗り出した．なかでも文部科学省の「マッチングファンド」（2003 年度は 43 億円）には多くの大学，企業連合が接触している．オムロンらと京都大学ほか 5 大学が参加するプロジェクトには初年度より研究費 1 億円がついた．また経済産業省の「地域新生コンソーシアム（Consortium：援助方法，資本家連合）研究開発事業」（同 101.1 億円）は多額の予算である．

　文部科学省の知的クラスター創生事業も産学連携に貢献している．長期的な研究は大学において行い，企業はその技術だけを実用化するのではなく，知的クラスター地域全体で研究，開発する取り組みが必要と考える．

　2003 年度の産学連携予算は約 600 億円である．その内文部科学省関係の主な予算は以下である．①大学知的財産本部整備事業（24 億円）②大学発ベンチャー創出支援制度（18 億円）③産学官連携支援事業（24 億円）④企業資金提供を前提とした共同研究へのマッチングファンド（Matching Fund：組合わせ基金）（43 億円）．

　経済産業省関係では以下の予算がある．①地域新生コンソーシアム（Consortium）研究開発事業（101.1 億円）②戦略的基盤技術力強化事業（31.9 億円）③創造技術研究開発事業（39.2 億円）④新規産業創造技術開発補助事業（55.7 億円）⑤大学発ベンチャー経営支援事業（1.5 億円）⑥助成金，情報提供（6.2 億円）．

国家予算より約600億円の支出があり，特に経済産業省の②③④はベンチャー企業支援である[9]．

4．アントレプレナーを育てる

（1）経営と技術が融合するMOT

2003年より日本の大学院においてMOTの開設がはじまった．これまでMOT的コースをもった大学院は存在したが早稲田大学，芝浦工業大学ははじめて学位に「技術経営」を取り入れた．MOTとはManagement of Technologyであり，技術系企業がもつべき経営スキルを体系化したものである．研究開発から製品化，製造，販売に至るには，資金調達やマーケティング，販売体制づくり，人材育成など多くの経営ノウハウが必要となる．そこに技術系に必要なノウハウ（特許戦略，技術戦略）をプラスしたのがMOTである．

MITで1990年代にはじまったMOTは，アメリカで約300を数えている．先端技術をもつ企業と密接な関係を保ち，プログラムを改良してきた．それがマメリカ経済復活の経済エンジンとなった[10]．

（2）アントレプレナーとシリコンバレー

日本における起業の手本は，アメリカのシリコンバレーである．TLO，インキュベーション，ベンチャーキャピタル，ベンチャーキャピタルおよびファンド，エンジェル，エンジェルファンド，ストックオプション，産学連携などシリコンバレーモデルは一通り導入された．しかしアメリカに比べて日本の起業数ははるかに少ない．それはハードの導入は早くできてもソフトの導入に時間がかかっているためである．

シード期，スタートアップ期における制度のちがいも大きく影響している．アメリカのベンチャーキャピタルはビジネスプランのみで多額の投資を決定するが，日本のベンチャーキャピタルはいまだに担保，保証人等の要求をする．

これはアメリカは独立系，日本は銀行系のベンチャーキャピタルのちがいと考えられる．

起業支援はこれまで多大な努力を傾注してきた大学のシーズと企業のニーズのマッチング，産学連携による技術開発などの工学系大学を中心にとした起業支援に加えて，マーケティングや市場成長戦略などを産学連携して研究することにより，さらに技術開発型アントレプレナーの多くの発生が期待できる[11]．

（3）アントレプレナーと産学連携

大学の教育研究活動のあり方として「産学」の連携がある．産業界は起業機会の事業化を試みる方法としてイントラプレナーの活用を考えている．これらの取り組みには独創的な技術，企業運営，ナレッジマネジメント，マーケティングの技法が求められる．アントレプレナー，イントラプレナーともにこれらのノウハウを単独で習得することは難しい．

さらに産業界を担うアントレプレナーシップ（起業家精神）を備えている人材育成も急務と考えられる．また産業界が求める情報の発信や人材育成は大学にストックされている知的資産の活用によって実現可能である．産業界のニーズによって行う研究開発，教育，知財提供により，大学の知的資産のより高いレベルのストックを後押しする．

産学連携は産業界，大学の互いの補完活動により，新領域における技術開発においてシナジー効果が大きく期待できる[12]．アントレプレナーの多くの輩出にはスタンフォード大学のベンチャー企業クラスター地域戦略がモデルとして最高峰にあたる．それは大学の知財活用が産業界，地域社会を巻き込んで大きく成長するためのコア・コンピタンスになることの検証例である．

5．アメリカのハイテクベンチャー企業の産学連携術と大学

(1) インテル

　新産業創出に向けた技術革新の原動力を産学連携に求める動きはアメリカでも強まっている．アメリカでの産学連携の第一号はHPといわれている．その後の産学連携において中心的な活動をしたのがインテルである．

　カリフォルニア大学バークレー校の向かいにインテルの産学連携施設ラボレットがある．現在の産学協同研究はモーツ（Motes）と呼ばれる極小ワイヤレスセンサーを使用したネットワーク技術の開発である．ラボレットのデレクターのデビッド・カラーはバークレー校のコンピュータサイエンス学部の教授である．

　インテルはラボレットをシアトルのワシントン州立大学，ピッツバーグのカーネギー・メロン大学，イギリスのケンブリッジ大学にも隣接して設置している．所長には教授を配しインテルから数十人の研究者を送り込んでいる．産学連携施設のラボレットからは多数の知的所有権が生まれるが原則として大学とインテルの共同所有となる[13]．インテルの開発ドメインはITの先端技術であるので2～3の大学との連携では産学連携の効果があまり期待できない．そのためラボレット式でない産学連携を並行して各大学で行っている．図表4―5においてインテルの共同研究を提示する．参照されたい（ラボレット含む）．

(2) MIT

　世界中の企業から巨額の研究費を集める大学がアメリカにある．代表例としてマサチューセッツ工科大学（MIT）が存在する．2002年に企業から受けた研究費は約1億ドル．アメリカの大学で最高であった．MITは職業訓練校として創設された歴史があり，産業界とは密接な関係を保ってきた．

　MITは複数の産学連携の窓口をもっており，構造が中央集権的で企業からのアプローチが容易である．その中心がインダストリアル・リエゾン・プログ

第4章　ベンチャー企業における産学官連携　61

図表4－4　インテルの産学連携

大学	研究内容
アリゾナ州立大学	セミコンダクターのサプライチェーンのシュミレーションと制御技術
スタンフォード大学＋MIT	マイクロプロセッサーの世代交代時に需要化によってサプライネットワークをどう変化させるのかの研究
コーネル大学	半導体産業における予測と需要管理の研究
メリーランド大学＋シンシナティ大学	半導体製品工場における予防的メンテナンス技術プラットフォーム・アーキテクチャ
カーネギー・メロン大学	シングルチップのマイクロプロセサを効率的に開発するためのアーキテクチャ，コンプライアー，OSサポートの研究
バージニア工業大学＋バージニア州立大学	パソコンの冷却ファンに対するノイズ・キャンセリング・ソリューション技術
ワシントン大学	15GHz級プロセッサにおける高速インターコネクトの絶縁や信号変調に関する電子磁気プロバケーションのシュミレーション
カリフォルニア大学バークレー校	インターネットからワイヤレスにいたる多様なネットワークに利用可能なマルチメディアデータのリアルタイム・ストリーミングのための新しいアルゴリズム開発
イリノイ州立大学アーバナ・シャンペン校	GHz級プロセッサにおけるインターコネクトとパワー分散ネットワークのシュミレーションと電子磁気モデリングツール開発

出所）『ダイヤモンドLOOP』2003年7月号

ラム（ILP）である．これは企業とMITを直結させる組織で現在50人のスタッフが約200社のメンバー企業と連携作業を行っている．約200社の内37社が日本企業であり，特に三井グループは活発な産学連携を行っている．

　2002年度は，MITのTLOが産業界にライセンス供与したのは112件，MITの技術をもとにベンチャー企業が24社起業した[14]．アメリカシリコンバレー進出日本企業はアントレプレナーの育成からエンジェルファンドとしてのインベスターとしての活発な活動を行っている．インテルの初期マイクロプロセ

ッサの開発は日本電卓企業からの無理な注文からスタートしている．

◆ おわりに

　大学発ベンチャー企業にはいくつかのタイプがある．教官が兼業のかたちで起業し，自分たちの研究成果の実用化を目指すのと，教官やポストドクターが研究成果をもとに独立し大学と強力してビジネス展開する2つの形がある．さらに学部生，大学院生が独自の技術を実用化し起業する例もみられる．

　産学連携が先行しているのが早稲田大学で知的財産センターが中心となり，キャンパスに隣接した研究センターにインキュベーション施設を設置している．また慶応大学においても金融業界に対する影響力をもとに複数のベンチャーキャピタル，ベンチャーキャピタルおよびファンドとの共同大学ファンドの計画がある．[15] 大学発ベンチャーキャピタルおよびファンドが今後整備されれば学部生，大学院生の起業がさらに多く発生すると考えられる．今回産学連携を検討したが産学連携の事例が少なく検討不足はいなめない．産学連携はベンチャー企業論の中で大きなウェイトを占める課題と考える．よって今回は産学連携の今をなぞったにすぎないので，今後産学連携の事例を多く取り上げ先端技術産業，ベンチャー企業にどれほどの貢献があるか検討したいと考える．

　またアメリカ，日本だけではドッグイヤーの時代には視点がずれてしまうきらいがあるので，今後北欧，オーストラリア，東アジア，東南アジアの産学連携の検討をしたいと考える．

注）
1）『JICPAジャーナル』2003年1月号　p.25
　　産学連携の研究の第一人者は早稲田大学の松田教授である．早稲田大学のインキュベーション施設には現在23社が入居している．入居期間は2年間である．入居ベンチャー企業をサポートするベンチャーキャピタルおよびファンドも入居中である．

2）『日経経済用語辞典』日本経済新聞社　2001年　p.331
　　日本において経営責任を明確にするために，会長，社長などの職位呼称とは別にCEO，COOなどの肩書きを設ける企業が増加している．
3）『JICPAジャーナル』2003年1月号　p.27
　　日本経済新聞において日本全国の大学発ベンチャー企業の265社に調査を実施，111社から回答を得た．2000年以降の起業が56社で平均社員数は14人，5年以内のIPO予定が52社に達している．
4）中小企業庁〔1997〕p.550
　　1994年度においてアメリカと比べて日本は産業への技術移転は大きく遅れている．
5）『JICPAジャーナル』2003年1月号　pp.40-41
　　ITベンチャー企業が「ガレージスタートアップ」といわれたが先端技術ベンチャー企業は「ラボスタートアップ」といわれる．2002年9月には大学発ベンチャー企業の第一号として大阪大学の森下助教授の研究成果を利用して1999年に起業したバイオベンチャー企業のアムジェスエムジーがIPOした．起業後3年でIPOを達成し株価の時価総額が約400億円と評価の高いIPOとなった．
6）『日本経済新聞』2003年5月9日朝刊「大学発VB500社突破」記事より
7）同上紙　2003年7月3日朝刊「ベンチャー投資選別鮮明」記事より
8）同上紙　2003年5月14日朝刊「起業へ特別情報提供―学外から事業化手法学ぶ」記事より
9）『ダイヤモンドLOOP』2003年7月号　pp.30-31　「日本再生に照準を合わせよ産学の新パラダイムは分担から協創へ」記事，図表より
　　産学連携には，双方の利益を超えた大義がある．対岸から相手を批評している時間は，日本再生に残されていない．
10）同上書　pp.67-68
　　日本のベンチャー企業論の研究者である松田教授の研究による．ベンチャー企業の挫折時点を「死の谷」という．
11）NIRA『ザッツNBK』2003年5月8日　特集記事「起業家を育てる」関西ニュービジネス協議会　p.2
　　角田立命館大学教授はベンチャー企業論の研究者である．
12）同上書「起業家と大学教育」p.5
　　片山大阪商業大教授は副学長，エクステンションセンター長である．
13）『ダイヤモンドLOOP』2003年7月号　p.51
　　政府支援の大学研究に相乗りしている．大学においては教授が数十人の大学院生を使って新技術を開発している大型案件が多く，これらの研究にはDARPA（国防省高等研究計画局）等の政府関連機関からの補助を受けているケースがほとんどである．

14) 同上書　pp. 55-56
15) 『日刊工業新聞』2003年1月6日「大学発ベンチャー1,000社目指し動き活発」記事より

参考文献)
松田修一〔1997〕『起業論』日本経済新聞社
松田修一〔1998〕『ベンチャー企業論』日本経済新聞社
中小企業庁〔1997〕『中小企業白書』大蔵省印刷局
中小企業庁〔1998〕『中小企業白書』大蔵省印刷局
中小企業庁〔2000〕『中小企業白書』大蔵省印刷局
日本公認会計士協会『JICPAジャーナル』2003年1月号　日本公認会計士協会
『ダイヤモンドLOOP』2003年7月号　ダイヤモンド社
http://www.nb-net.or.jp/news/relation.html

第5章

急速に展開する産学官連携とベンチャー企業経営戦略

—— ベンチャー企業を生み出す大学とクラスター ——

◆ はじめに

　1970年代にベンチャービジネス（Venture Business）という新しい言葉が使われはじめた．それは高い技術力と起業力を備え，イノベーション（Innovation）を展開しうる中小企業が数多く輩出されることを期待した新語であった．イノベーターこそ果敢に挑戦する新しい企業つまりベンチャー企業であった．ベンチャー企業は先端技術開発型，新ビジネスモデル型の企業である．それを率いるのがアントレプレナー（Entreprener），イントラプレナー（Intrapreneur）である．

　ベンチャー企業を立ち上げるアントレプレナーとは，早稲田大学大学院松田教授によると「環境変化やビジネスに対するリスクをギリギリまで計算しながら，新規の成長ドメイン（Domain）を選択し，高い緊張感に長期的に耐えながら高い志や目標を掲げ，果敢に挑戦するリーダーシップの強い自主，独立，独創性の起業家」とした．1980年代前半で日本において一般化したベンチャー企業はアメリカ企業としてヒューレット・パッカード，アップル，日本企業ではホンダ，ヤマハ，京セラ，堀場製作所，浜松ホトニクスが挙げられる．

　ベンチャー企業に必要とされるのは，『中小企業白書』〔1983〕〔1987〕によると，①ハード，ソフトの新しい技術の確立，②アントレプレナーが旺盛なア

ントレプレナーシップをもって積極的に企業の拡大を目指す，③企業のコア・コンピタンス（Core Competennce）の確立，である．ドメイン，コア・コンピタンスのベンチャー企業における重要性が垣間みえる．

　日本のベンチャークラスター（Venture Cluster）地域としては京都，浜松が挙げられる．アメリカではルート128，シリコンバレー，シリコン牧場があり，その代表地域がサンフランシスコ近郊のシリコンバレーである．IT産業の集積が現在も続いている．シリコンバレーの発展の原点が産学連携でトップを走るスタンフォード大学およびスタンフォード大学リサーチセンターである．ヒューレット・パッカードはアメリカ産学連携の象徴といえる．またHPからシスコシステムズ，サンマイクロシステムズに至るシリコンバレー産学官連携は1990年代初頭よりのアメリカ好景気の原動力といえる．本章においてはベンチャー企業を生み出す大学に焦点をあて検証したいと考える．

1．ベンチャー企業を急成長させるドメインとコア・コンピタンス

（1）ベンチャー企業ドメイン戦略

　ドメインの設定は起業した企業が中小企業志向かベンチャー企業志向かにはっきり分かれる．榊原〔1992〕は企業がドメインを定義するということは，「われわれは今どのような事業を行っており，今後どのような事業を行おうとしているのか」，「わが社はいかなる企業であり，いかなる企業になろうとしているのか」，「わが社はどのような企業であるべきか．また，どのような企業になるべきか」といった質問に答えることであるとした．ドメインの定義は，戦略決定の一番最初の一番重要な問いかけである．

　洞察力，想像力がドメイン戦略には必要であり，それは容易なことでない．企業を起すアントレプレナー，イントラプレナーのその企業のドメイン設定において「入口」はいっしょであっても「出口」が違えば，中小企業になるし，ベンチャー企業になる時もある．

第5章　急速に展開する産学官連携とベンチャー企業経営戦略　67

出口の設定がベンチャー企業には必要と考える．出口のドメインがIPO（Initial Public Offering：株式公開）およびM&A（Merger & Acquisition：企業合併と買収）であればベンチャー企業といえる．出口のない場合やチェーン店30店舗，本社ビル，大都市への支店展開のドメイン戦略の場合は中小企業といえる．榊原は本章でとりあげるスタンフォード大学の設立にまつわるドメイン戦略設定の失敗も指摘した．アメリカの鉄道会社の失敗の事例でセオドア・レビット〔1960〕は，スタンフォード大学の創設者リーランド・スタンフォードの経営するセントラル・パシフィック鉄道をあげた．富と栄華を誇ったアメリカの巨大鉄道会社は，今日では見る影もない．アメリカの鉄道会社が凋落したのは，レビットによれば鉄道会社が自動車やトラック，トレーラーなどの代替輸送手段に需要を奪われたのではなく伸び続けた需要に鉄道会社自身がうまく応えなかったために起こったのである．ベンチャー企業におけるドメイン戦略で重要なことは，レビットによると「そもそも世の中成長産業は存在しない，そのように見える産業は成長の機会を自ら創造している」のだと述べた．つまりイノベーションの繰り返しとコア・コンピタンスの設定によりドメイン戦略がベンチャー企業を急成長させると考える．次にコア・コンピタンスについて検討する．

(2) ベンチャー企業のコア・コンピタンス

Hamel・Prahalad〔1994〕は現代は未来のための競争の時代と述べた．近代産業が誕生したときと同じような革命が訪れており，環境革命，遺伝子革命，素材革命，デジタル革命，そして情報革命である．このような革命によって新しい産業が形成されつつある．超小型ロボット，人工翻訳電話交換機，家庭用デジタルハイウエーなどである．新しい産業形成に多くかかわってくるのが先端技術開発型ベンチャー企業クラスターであり，その企業の中核の技術，能力をコア・コンピタンスと定義できる．

Hamelらはマイクロソフト，インテルのアントレプレナーたちによって

IBMが古いビジネスにとらわれている間に，新しいビジネスのコア・コンピタンスを確立し急成長したと述べた．ベンチャー企業のコア・コンピタンスの事例としてはアップルコンピュータの「ユーザーフレンドリー」やソニーの「ポケットサイズ」，モトローラの「コードレス」などがある．既存商品のコンセプトに縛られない未来展望が必要とされている．視野の狭い常識を捨て根底にあるコア・コンピタンスに進まなければならない．またコア・コンピタンスはイノベーションと同じに繰り返すことが急成長を続けるベンチャー企業には必要である．コア・コンピタンスを繰り返す中核能力の持続をケイパビリティ（Capility）という．10年単位でみると，ある時期にコア・コンピタンスであったものが，次の時期に単なる能力の一つになってしまうことがある．たとえばソニーのパソコンは小型化軽量化によって一時トップシェアを誇ったが，他社の追随によって競争力を落とした．図表5−1においてコア・コンピタンスの企業力をめぐる競争を4つのレベルで示した．未来の競争はHamelらによると第1レベルから第3レベルで戦われるとした．現代の企業は第4レベルのブランドシェアをめぐる競争に注意を向けている．

　ベンチャー企業急成長に必要不可欠なドメイン戦略とコア・コンピタンスについて述べたが，経営戦略論の重要点としてビジョン（Vision）の設定とミッ

図表5−1　コア・コンピタンスをめぐる競争

コア・コンピタンスの構成要素であるスキルや技術の開発と獲得競争
コア・コンピタンスを合成・統合する競争
コア商品のシェアを最大にする競争
最終製品のマーケットシェアを最大にする競争 （自社ブランドとOEM）

出所）Hamel・Prahalad〔1994:339〕
　注）OEM（Original Equipment Manufacturing：受託生産，相手先ブランドで完成品を供給）

ション（Mission）経営があるが本章においては取り上げない．またイノベーションについても次回の課題とする．

2．ベンチャー企業のインキュベーション

（1）急展開する産学官連携

　1995年に日本の経済的，社会的な閉塞状況を打破するために科学技術基本法が制定された．戦前にも似たような状況があり，1932年に当時の貴族院，衆議院にて学術振興会が設置された．1995年の科学技術基本法を受けて翌年に科学技術基本計画が策定された．日本の研究費の約80％は民間企業が支えている．1997年には日本全体で約15兆7,000億円の研究開発費があったがその内約3兆円が政府資金であった．アメリカ，ヨーロッパに比べて公的資金の割合が低かったので，それを政府方針として17兆円の研究開発投資を行うことが示された．

　それと同時に研究システムの改革が謳われ，特に産学官のそれぞれの研究センターの連携を強化されることが求められた．産学連携が科学技術振興にとって最重要視され，それとともに行政改革により大学の独立行政法人化が模索された[1]．ベンチャー企業の先端技術の情報，通信科学，生命科学の分野では大学の研究成果がそのままビジネスに直結している．カリフォルニア大学の学長は日本での講演会においてパンフレットに「UC Means Business」（カリフォルニア大学はビジネスに役立つ）と記載し，発明数，特許数，ベンチャー企業の育成，雇用への貢献などをPR源として使用していた．そのなかで寄付金のところにいくつもの日本企業名が入っていた[2]．

　大学には経営戦略が必要となっており，今までは研究者のマネジメントによって大学の研究が進められていたが大学全体で考える時期にきていると考えられる．これまではドッグイヤーの時代なのに大学はとり残されていたのである．1～3年でIPOをするベンチャー企業相手には同じスピードがなければ

産学連携の意味がなくなる．GE会長のジャック・ウェルチが「スピードとバウンダリレス（境界撤廃）」といっているように産学連携にもスピードと知識の共有が求められる．[3]

松田〔1998〕によれば，アメリカの大学ではアントレプレナーシップ（起業家精神）に関する講座はほとんどすべての大学にあり500校に達する．しかも理工系大学，大学院からベンチャー企業勤務を経てMBA（経営学大学院）そして起業というアントレプレナー（起業家）が多い．大学教授がアントレプレナーのメンターやエンジェルになると同時に，大学が外部の専門家とネットワークを結びアントレプレナーを支援すると述べた．

さらに松田はTLO（Technology Licensing Organization：知的所有権機関，技術移転機関），SBDC（Small Business Development Center）は大学に関係するベンチャー企業に対し大学のもっている専門家ネットワークを活用し支援活動をすると述べた．これらの支援は大学がベンチャー企業のインキュベーション（Incubation：孵化器）になると同時に長期的には成功したベンチャー企業との共同研究や寄付を通して大学財政に寄与することを目的としている．

（2）アメリカの大学の産学連携

スタンフォード大学のターマン教授の研究室の近くに学生たちのアマチュア無線局があった．この学生の中にデビット・パッカードとウィリアム・ヒューレットがいた．1933年の春にターマンから二人は自分の研究室の修士に参加するように勧誘された．これが後のHP（ヒューレット・パッカード）の起業原点となった．

1950年代になるとターマンはシリコンバレーのメロンパークにスタンフォード研究所を設立し，連邦予算の獲得に動いた．そしてターマンは企業の技術者を大学の正規コースに受け入れた．これが産学連携のはしりと考えられる．[4]

シリコンバレーは半導体関連からパソコン，ワークステーション，バイオテクノロジー，ソフトウエア，通信システム，インターネット関連ソフトウエア

第5章　急速に展開する産学官連携とベンチャー企業経営戦略

などへ急速に発展した．中心研究機関としてスタンフォード大学，カリフォルニア大学バークレー校（UCバークレー）が存在する．

活発な産学連携は大学や教授たちが様々なプログラムに参加することにより生まれている．代表的な例としてインダストリアル・アフィリエイツ・プログラム（IAP）がある．IAPは企業からみれば大学の研究教育分野に接触するための窓口である．プログラムの会費を支払ってメンバーになると大学での研究会，セミナーに参加でき研究成果を入手できる．さらに教授が特定の企業や研究者のメンターとして研究サポートをする[5]．

1998年のアメリカでの大学からの技術移転件数は280件であった．このように産学連携が多いのには3つの理由がある．①大学の研究成果の技術的性格，②大学内部の問題，③企業の戦略である．大学の研究は基礎研究が多く，初期段階の技術が主なためベンチャー企業に製品開発，製造販売を委託する必要があり，そのため企業の関心を引く技術を優先する．そして大学のライセンス収入の確保が安定した大学運営につながる．企業においても自社で開発することはコスト的にもできない[6]．これまでにアメリカでどのような大学発ベンチャー企業が発生したか図表5—2にて提示する．参照されたい．

図表5—2　大学発の研究成果をベースに設立されたベンチャー企業の例

（アメリカ）

企業名	設立年	概要
ヒューレット・パッカード	1939	スタンフォード大学のヒューレットとパッカードがターマン教授の支援を受けて設立．科学計測機器，コンピュータ関連機器開発．
デジタル・イクイップメント	1957	MIT研究員ケン・オンセル等が設立．ミニコン開発．
ジェネンティック	1976	カリフォルニア大学ボイヤー教授等により設立．遺伝子組換え技術，医薬品．
バイオジェン	1980	MITシャープ教授，ハーバードギルバート教授により設立．遺伝子組換え技術・医薬品．

サン・マイクロシステムズ	1982	スタンフォード大学の卒業生がUNIXベースのワークステーション開発. 指導教官がコンサルタント.
シリコン・グラフィックス	1984	スタンフォード大学クラーク教授が教え子6人と設立. グラフィック・ワークステーション開発.
シスコ・システムズ	1985	スタンフォード大学研究員レーマーとボザック夫妻により設立. ルーター開発.
クアルコム	1985	カリフォルニア大学サンディエゴ校ジェイコブス教授により設立. 通信機器開発.
ネットスケープ	1994	イリノイ大学のマーク・アンダーセン等の開発したインターネットブラウザーの「モザイク」をベースに, ジム・クラークの出資により設立.
インクトゥミ	1996	カリフォルニア大学バークレー校ブリューワ助教授, コンピュータ科学の博士課程ゴーシエによって設立. インターネットのサーチエンジン開発.

出所) 前田〔2001:112〕

注) アメリカの大学教授等は利益反反規定, 職務専念義務規定により発明者が大学の教職に就いている場合は一時的（2年間）に大学を離れて企業の経営に関与することがある. そのため多くの大学教職員がコンサルタントや企業アドバイザリー・ボードのメンバーとして関与して会社の経営者となるケースは少ない[7].

（3）日本の大学の産学連携

1998年TLO（Technology Licensing Organization：技術移転機関）法が施行されてから各地の大学でTLOが相次ぎ設立され産学連携が急速に動きだした. それまでは大学の教職に就くものの企業経営等の兼業が禁止されていた. よって大学教授等の先端技術による製品開発がすばやくできない状態であった.

大学発ベンチャー企業は時代の要請ともいえる. 日本がアメリカの技術を追いかけ, 新技術を導入し低価格の製品を開発し輸出するパターンは過去のできごととなりつつある. 日本が世界の先頭を走るようになって状況は一変した. 日本独自の技術を開発し高いリスクを背負い製品化しなければならない時代になった.

経済産業省は2001年に「新市場・雇用創出に向けた重点プラン」において大学発ベンチャー企業を2004年までに1,000社にするビジョンを掲げた. 2002年度には大学と企業が共同研究する場合にTLOを通して研究費や人件費

第5章　急速に展開する産学官連携とベンチャー企業経営戦略　73

の3分の2を補助する「マッチング・ファンド」を創設した[8]．

　大学における産学連携で積極的な活動を行っているのが，早稲田大学，慶応義塾大学，東京大学，京都大学，龍谷大学等である．各大学の産学連携によるベンチャー企業は2003年度に500社を突破している．その内2社がIPOしている．

　大阪大学発ベンチャー企業で初の日本の大学発ベンチャー企業となったのはアンジェスエムジーである．アンジェスエムジーはバイオテクノロジーベンチャー企業であり大阪大学の森下竜一客員教授らが1999年に設立，3年でIPOに到達した．その技術は「肝細胞増殖因子というたんぱく質を作る遺伝子に血管を作る作用があることを突き止めた」である．

　大学発2社目は熊本大学の山村研一教授らが熊本県の新産業育成機関等の支援を受けたトランスジェニックである．アンジェスエムジーと同じくバイオテクノロジーベンチャー企業である．その技術は「可変型遺伝子トラップ法とよばれ，遺伝子を破壊したマウスを作製し破壊遺伝子と疾病との相関関係の解明を行い新薬開発できる」である[9]．

　アンジェスエムジー，トランスジェニックのIPOによりそれに続く大学発ベンチャー企業の躍進が期待される．文部科学省は2002年度に実施した国立大学と企業の共同研究が過去最高の6,767件（前年比28.6%増）であったと述べた．この増加は産学連携の推進機運の影響によるものである．実施主体で最も多かったのが東京大学の417件，次いで大阪大学265件，京都大学227件であった．研究テーマは生命科学24.3%，情報通信14.7%，環境13.4%，ナノテクノロジー13.2%である[10]．図表5－3にて産学連携をまとめた．参照されたい．

　図表5－3において日本の23大学を取りあげた．1校以外はすべて理工系大学である．6校がバイオテクノロジー先端技術開発であった．大学発ベンチャー企業の約500社のうち2社がIPOしているがそれもバイオテクノロジー先端技術開発である．このことからも大学発ベンチャー企業はインフォメーシ

図表5−3　日本の大学の産学連携

大学	産学連携
京都大学	国際イノベーション機構の設立予定．同機構は教官の技術を特許の形にし企業と組んでの応用研究やベンチャー企業設立に役立てる．
慶応義塾大学	学内からの起業を促進するためにジャフコ等と連携．1998年設立の知的資産センター（TLO）が窓口となっている．国内外で300件以上の特許を取得．
大阪大学	日本ベンチャーキャピタルと共同でファンド設立．IPO第一号のアンジェスエムジー．
電気通信大学	キャンパスクリエイト（TLO）は6社のベンチャー企業を輩出．ナノテコは森崎教授ら科学物半導体の研究の教授3名によって2000年に設立．
芝浦工業大学	MOTを設置．理工学振興会（TLO）はインキュベーションに力を入れる．蔵前テクノベンチャー（ベンチャーキャピタルおよびファンド）を設立．
久留米大学	バイオベンチャー企業イベリカ，伊藤忠商事等と医薬品（ゲノム創薬）治験の施設設置．医学部内に久留米トランスレーショナル・リサーチ・センター（TRC）を建設．
早稲田大学	白井総長は政府の1,000社計画の100社は同大が出すと述べた．医療，バイオテクノロジーを強化する．MOTを設置．教授らの出資したベンチャーキャピタルおよびファンド（ウエルインベスト）を活用．ソニーとデジタル画像処理連携．
横浜市立大学	日本製薬工業協会によって設立した創薬プロテオーム研究会は平野教授らとたんぱく質解析システムを構築した．厚生労働省計画とも連携．
東京工業大学	石川教授らは創薬プラットフォーム計画において地域企業との連携予定．民間企業と45件の研究チームを発足させた．研究費の3〜4割を外部資金でまかなっている．
東京農工大学	同大学のTLOは株式会社のため技術移転によって得た収入は寄付の形を取っている．
日本医科大学	1998年知的財産・ベンチャー育成（TLO）設置．センター長江見教授．
山口大学	（有）山口ティー・エル・オーの設置．インキュベーション関連施設の設置．
筑波大学	（株）筑波リエゾン研究所（TLO）の設置．同大の教官等の出資により設立された．筑波ファンドとの連携．

第5章　急速に展開する産学官連携とベンチャー企業経営戦略　75

立命館大学	1995年に産学連携窓口のリエゾンオフィスを設置．外部資金で設置された研究施設がある．
工学院大学	産学連携推進室リエゾンオフィスが窓口．先端的研究に加え地元企業との連携強化．同大先端的ネットワークコンピューティング・セキュリティ研究所と日本ネットワークセキュリティ協会（JNSA加盟163社）との共同研究．
同志社大学	文理融合プロジェクトの設置．2003年知的財産センター，研究開発推進機構の設置．同志社大学・けいはんな産学交流会の開催．
千葉工業大学	松下電器産業グループのパナソニックシステムソリューションとの産学連携．
東京工科大学	医療デバイスの開発において（独）産業技術総合研究所，民間企業3社と産学連携．バイオニクス（生物機能を工学的に応用）のドメインの構築．
京都橘女子大学	社会科学，人文科学系の産学連携．文化政策研究センターの設置．伝統産業を生かした産業創造をもとめる．
足利工業大学	開発途上国用小型セイルウィング風力発電機の研究開発．総合研究センターを設置．知的財産を積極的に中小企業へ技術移転．
北陸先端科学技術大学院大学	いしかわサイエンスパークの中核施設．北斗科学産業とDNAスティックの開発．ベンチャービジネスラボラトリーの設置．
北海道大学	2003年東京に東京事務所を開設．下村教授のナノテクノロジー研究の産学連携，情報収集．日立製作所とナノテクノロジー，バイオテクノロジーに取り組む．
九州大学	梶山総長は大日本インキ化学工業との産学連携を発表．三菱重工業とエネルギー，IT，物流に取り組む．
東北大学	オムロン，シャープ，セイコー，エプソンなど13社と半導体製造技術の産学連携．医学部と工学部の連携にて先端医療機器開発．

出所）『日本経済新聞』『日経産業新聞』2003年度他[11]

ョンテクノロジー，バイオテクノロジー，ナノテクノロジーが3大先端技術開発といえる．

3．次世代の産学官連携

（1）新産業創造

　これからの先端技術開発により，日本の基幹産業の将来が決まる．すぐれた

先端技術の開発力とそれを産業と結びつける産学連携に期待が集まる．社会を一変させる可能性を秘めた最先端技術が日本発になる日も近いと考える．それはロボットハイテクノロジー技術である．2003年度には産業技術総合研究所（つくば市）を中心にショベルカーを運転するロボット「HRP1S」の開発に成功した．産業けん引型新産業としては，ⅰ．人型ロボット，ⅱ．燃料電池，ⅲ．再生医療などが考えられる．

2002年スイスのビジネススクールIMD（経営開発国際研究所）の国際競争力比較で日本は46ヵ国・地域中30位にランクされたが科学技術については2位であった．ホンダのアシモのように人間型ロボットを動かす技術は世界トップでこの先端技術は日本の独壇場である．ただし人工知能ではアメリカに大きく後れを取っている．燃料技術はアメリカで官民あげて水素エネルギー社会の実現に向けての開発が進められている．開発レベルでは日本も同レベルである．再生医療技術は実験レベルではアメリカ，日本とも同レベルであるが実際の医療応用の臨床研究において日本は遅れている．[12]

（2）知的財産で大学の成果をいかす

東北大学大見教授の研究室では年間100件近い特許を出願する．研究室自体がTLOであり，これまでの特許約800を各企業へ売込み中である．本来は知的財産本部が知財戦略の作成，知財創出・取得の管理，知財の運用をTLO，研究所，共同研究センターなどが研究成果を企業へ提供という流れであったが研究成果の多い研究室では独自に専任の係を置き対応している．

京都大学中辻教授らは同大医療領域産学連携推進機構の情報交流クラブにおいて産学連携推進を呼びかけた．

九州大学梶山学長は産学連携で法人化したら，ベンチャー企業の未公開株を取得するのも一つの選択肢と述べた．株式が紙くずとなる危険が高いがベンチャー企業がIPOできればキャピタルゲイン（Capital Gain：株式売却益）を得られる．[13]

(3) ベンチャーキャピタルおよびファンドの産学官連携

　ベンチャーキャピタルおよびファンド (Venture Capital Fund) は産学官連携ベンチャー企業を支援する重要な役目を担っている．行政と企業の連携をサポートしたり，自治体とベンチャー企業の出会いを演出するなどの黒子の役も演じる．また自治体や地方金融機関などと投資ファンド（基金）を組み，接点のなかった産，学，官の連携に深く関与し自らもハイリターンを求めている．

　いくら素晴らしい技術を開発しても産業化できなければ，開発者のみならず社会にとっても大きな損失となる．先端技術開発とベンチャーキャピタルおよびファンドの両輪が同じ早さで回ることが求められる．

　2003年度に設立した産学連携ファンド（大型ファンド）は4社である．ベンチャーキャピタルのジャフコが出資した，ジャフコ産学共創投資事業有限責任組合（20億円），日興アントファクトリーの日興地域密着型産学官連携投資事業有限責任組合（24億円），エヌ・アイ・エフベンチャーズのエヌアイエフ産学連携ファンド1号投資事業有限責任組合（20億円），日本アジア投資のジャイク・大学発最先端産業育成壱号投資事業有限責任組合（22億円）などである．資金を集める能力が問われるベンチャーキャピタルおよびファンドも多いが，大学発ベンチャー企業向けファンドに資金が集まっているのは政府系の中小企業総合事業団や日本政策投資銀行の存在が大きいといえる[14]．

(4) 次世代半導体の産学官連携

　2001年以降半導体の次世代技術開発産学官連携が相次ぎ発足している．最先端のLSI（大規模集積回路）の線幅は2003年7月現在，100ナノ（ナノは10億分の1）メートル以下と人間の髪の毛の800分の1以下の細さである．日本では構想も含めると半導体分野で10件以上の産学官プロジェクトが組まれている．この背景には日本の半導体メーカーの競争力低下があげられる．1980年代後半には世界の50％以上を超えたシェアは1990年代には30％以下まで落ちている．

主な半導体産学官連携としては2001年から7年間のMIRAI（線幅65～45ナノメートル回路の絶縁材料研究など），2001年から3年間のHALCA（システムLSI用の製造ラインなど），2002年から4年間のEUVA（極端紫外線を用いた回路露光技術），2002年7月からASPLA（線幅90ナノメートル回路の加工技術標準化など）がある．日本にも以前に1976年から4年間の超LSI技術研究組合があり，その技術をもとに1980年代の躍進につながった．1990年代のアメリカの経済復活はこの組合を参考にはじめたセマテックの成果といわれている[15]．

4．ベンチャー企業クラスター地域

ベンチャー企業クラスター地域が文部科学省，経済産業省の協力体制で産学連携を加速させている．文部科学省は2003年にクラスター地域の代表である京都にて多くの支援を行っている．マッチングファンド（43億円）により京都大学，オムロン，その他5大学がプロジェクト（情報共有の仮想空間作成ソフト開発）に参加した．また同省の知的クラスター創世事業も産学連携に貢献している．信州大学を中心とする長野・上田地域の事業にはセイコーエプソンが参加している．経済産業省の地域新生コンソーシアム研究開発事業（101.1億円）は2002年に九州大学，オムロン，三井鉱山マテリアルと産学連携を始動させた[16]．

アメリカのシリコンバレー，ルート128，シリコン牧場と日本の京都，浜松がベンチャー企業クラスター地域である．最先端技術開発における大学，産業がうまくマッチングできれば他の地域においてもベンチャー企業クラスター地域が多く発生すると考える．クラスター地域を形成するためには核となる大学が存在することが大きな要因といえる．歴史ある大学だけでなく，すぐれた研究者いて果敢に挑戦するアントレプレナーシップを備えた研究者が多いことが核になる条件といえる．たとえば東京の多摩大学，高知の高知工科大学は大学発ベンチャー企業の宝庫といえる．

ハードがそろっていて今後のクラスター地域になる可能性の強い地域は川

第5章 急速に展開する産学官連携とベンチャー企業経営戦略　79

崎, 四日市, 東大阪, 北九州, 長崎などであり, ソフト面からは札幌, 仙台, 新潟, 岡山, 福岡, 熊本が考えられる. しかし今後は銚子のように煙突のない工場誘致と明言し岡山の大学を動かすソフトのある地域が急成長すると考えられる. クラスター地域研究は今後の課題としたい, 地域は北欧, オランダ, 東南アジア, 東アジアに目を向けたいと考える.

◆ おわりに

　ベンチャー企業論の研究で新しい分野になる産学官連携を今回検討したが事例不足になっている. 今後の課題としてベンチャー企業はすべてがうまく行くのではないということをいつも頭に入れ, 失敗の事例も積極的に検証したいと考える. 果敢に挑戦する新しい企業を検証する場合10%の成功例も大事であるが残りの90%はどのような展開になるのか検討が必要であると考える. アメリカにおいてはベンチャー企業の成功者はいちように失敗を経験している. 失敗によって次の挑戦が妨げられない社会構造は社会全体がインキュベーションともいえる.

　本章においては急速に展開するベンチャー企業を中心に産学官連携を検討したが今後のベンチャー企業, ベンチャーキャピタル論の検討においても中心として産学官連携を取り上げたいと考える. 2004年は国立大学の独立行政法人移行の年であるのでこのことも検討テーマとしたいと考える.

注）
1）前田正史〔2001〕丸善　pp.43-44
　　アメリカでは「国益のための科学」という方針が政府から出ており大学に対する要求と期待は社会から非常に高まってきている.
2）同上書　pp.47-48
　　今や, 学術研究だから必ず大学の中で自己完結しなければいけない時代ではなくなった. すでに世界は知識社会に突入している.
3）前掲書　pp.65-66

大学改革が必要なのは組織運営の問題を有していることだと，あまりに時代の動きについてこれていないことである．
4）枝川公一〔1999〕丸善　pp.15-16, p.27
　HP社は急成長がさらにターマンとの密接な関係を維持し，スタンフォード大工学部の学生に製品開発や製造を担当させ，彼らに奨学金を与える制度を設けた．
5）日本経済新聞社編〔1996〕日本経済新聞社　p.70
　IAPは企業と大学とのネットワークを形成させている．シリコンバレーでは人的ネットワークが大事でエンジェルファンド，メンター，ベンチャーキャピタルおよびファンドとの出会いにも影響する．
6）同上書　pp.108-109
　②③はそれぞれ収入の確保が目的で産学連携によって互いに補完されることになる．だが，すべてがうまく行くとは限らない
7）同上書　p.113
　サンマイクロシステムズにおいては，経営にバスケット教授は参画せずにコンサルタントとして関与．インクトゥミではブリューワ教授の仕事は技術アドバイザーとしての関与．
8）『日本経済新聞』2003年4月30日朝刊「再生の主役大学発ベンチャー」記事より
9）同上紙「新産業創出の切り札に」記事より
10）同上紙　2003年8月1日朝刊「国立大と企業の共同研究28％増」記事より
　旧帝大だけで約1,700件と全体の4分の1を占める．民間企業のうち中小企業の占める割合は約3分の1の2,330件となっている．中小企業が大学に新技術開発を頼っていることが窺われる．
11）同上紙　2003年5月22日朝刊，2003年5月14日朝刊，2003年5月13日朝刊，2003年5月28日朝刊，2003年7月23日朝刊，2003年6月14日朝刊，日経産業新聞　2003年5月23日，週刊東洋経済　2003年3月22日号，http://www.v23.org/bizprac/enture10.htm, http://www.crc.yamaguhi-u.ac.jp/tlo/main.html, http://www.kansai-tlo.co.jp/news/article, より筆者が作成
12）同上紙「10年後は景気を後押し」記事より
13）同上紙「採算確保へ試行錯誤」記事より
14）同上紙「民間ベンチャーキャピタルも支援加速」記事より
　日本政策投資銀行はナノテクノロジー（超微細技術）やライフサイエンス（生命科学）分野の大学発ベンチャー企業を対象とした独立系ベンチャーキャピタルおよびファンドへの資金供給に力を入れている．
15）同上紙「半導体技術開発，海外勢にらみ力を結集」記事より
16）『ダイヤモンドLOOP』2003年7月号　pp.30-31

参考文献）

前田正史編著〔2001〕『「ベンチャー起業論」講義』丸善
枝川公一〔1999〕『シリコンバレー物語』中央公論社
松田修一〔1997〕『起業論』日本経済新聞社
松田修一〔1998〕『ベンチャー企業論』日本経済新聞社
中小企業庁〔1983〕『中小企業白書』大蔵省印刷局
中小企業庁〔1987〕『中小企業白書』大蔵省印刷局
中小企業庁〔2000〕『中小企業白書』大蔵省印刷局
日本経済新聞社編〔1996〕『シリコンバレー革命』日本経済新聞社
奥村昭博〔1989〕『経営戦略』日本経済新聞社
榊原清則〔1992〕『企業ドメインの戦略論』中央公論社
ダイヤモンド社編『ダイヤモンドLOOP』ダイヤモンド社　2003年7月号
Gary Hamel & C.K. Prahalad〔1994〕*Competing For The Future*, Harvard Business School Press in Boston.（一條和生訳〔1995〕『コア・コンピタンス経営』日本経済新聞社）
日本経済新聞社編〔2001〕『日経経済用語辞典』日本経済新聞社
吉田和夫・大橋昭一〔1999〕『基本経営学用語辞典』同文館

第6章

インキュベーションと産学官連携

――日本,アメリカ,ヨーロッパにおける
産学官連携と大学発ベンチャー企業――

◆ はじめに ・・・・・・・・・・・・・・・・・

　日本の大学における産学官連携は東京,大阪より京都が活発に動いている.ベンチャー (Venture) 企業,ベンチャーキャピタル (Venture Capital),インキュベーション (Incubation) の活動が盛んな地域であるので産学連携も他の地域より京都が早く取り組めている.注目される京都リサーチパークは大阪ガスの出資によりベンチャービジネスのインキュベーション施設として運営されている.京都大学をはじめ龍谷大学,立命館大学の産学官連携の水準は全国トップレベルであり,大学発ベンチャー企業を多く輩出している.大学の研究成果に関する特許の取得事務や管理,使用権料の回収などを代行する技術移転株式会社の設立もまじかである.設立する中心は京都リサーチパーク (KRP,京都市) や立命館大学,ベンチャーキャピタル,民間会社等である[1].

　本章においては産学官連携の積極的展開を計っている関東,関西,九州地域を中心に検証する.他の地域は今後取り上げることにする.海外地域においては産学官連携の活発なアメリカ,ドイツ,オランダ等の検証をしたいと考える.日本の場合ベンチャー企業を育成するために産学官連携の強化がされているがアメリカは大学の技術移転の促進のために産学官連携が発達し,ベンチャ

ー企業が結果的に多く発生した．ベンチャー企業を取り巻く環境において日本，アメリカともに産学官連携が重要視され，国の命運を左右するほどになってきている．知的財産の管理，運用は国家プロジェクトといえる段階にある．ドラッカー（Drucker,P.F.）が1969年に『THE AGE OF DISCONTINUITY』のなかで「新たに出現しつつある産業は，経済的現実を具体化する．知識は中心的な経済資源となってきた．真の生産要素である知識はほとんど無限の流動性をもっている．」と知識社会における知財の活用を説いている．P.F.Drukerが述べたように，現代はIT技術が産業の根幹をなし今後の先端技術開発の国家レベルの競争が，さらにエスカレートすると考えられる．その時インキュベーション施設の優劣によってその地域のベンチャー企業の輩出数が違ってくる．第1項において日本の産学官連携とインキュベーション，第2項においてアメリカの大学の形成，産学官連携，大学発ベンチャーをとりあげ，第3項においてドイツ，オランダの産学官連携を取り上げる．本章においては産学のみ連携したベンチャー企業，技術提携を産学連携とし，さらに官が連携した時に産学官連携とする．

1．産学官連携の歴史と現在

（1）日本の産学官連携の始動
① 産学官連携元年

1994年後半頃からはじまった第3次ベンチャービジネスブームのなかで，官民による各種のベンチャー支援策が打ち出されている．その一環として1997年4月から国立大学教官の兼業規制が緩和された．従来の「7件以内，週8時間内」という規制が8時間勤務すれば余った時間に限って制限がなくなった．また共同研究による技術指導も可能になった．1998年には「大学等技術移転促進法」が施行になった．大学の研究成果を民間企業に移転，活用する仕組みを整えるために通産省（現経済産業省）と文部省（現文部科学省）が設置

した[2]．

② ベンチャー・ビジネス・ラボラトリー

新規産業に結びつく研究開発とベンチャー精神に富んだ創造的な人材を育てる拠点として VBL（Venture Business Laboratory：ベンチャー・ビジネス・ラボラトリー）の設置が，1995 年度，1996 年度の補正予算できまり，全国の国立大学 24 校に完成，研究体制が整った．このうち旧帝大と筑波大学，東京工業大学，神戸大学，広島大学の 11 校が VBL（建て面積 2,000 ㎡）．残りの 13 校は VBL の小さいサテライト版の VBL（同 1,500 ㎡）となっている．

VBL の設立は文部省（現文部科学省）が半導体や情報関連など次世代産業の柱となる技術開発の研究を進めながらベンチャー精神にあふれる人材育成を目的とした．VBL の設立に当たり以下の点を明確にした．

- 新産業創出のための独創的な研究開発を主眼とする．
- 高度専門職業人の養成を目指す実践的な研究教育である．
- 研究後継者養成を主な目的としない．
- ベンチャー精神に富んだ創造的な人材を育成し，従来型の追従，改良型の技術開発を目指すものでない．
- 先進諸国や産業界等の技術開発動向を把握し，これを研究開発に反映し，その結果を学外へ発信する開放的なもの．

VBL は従来から多くの国立大学にある産学連携機関である地域共同センター等とは異なりベンチャー企業育成を念頭に置いている[3]．

③ 日本の産学官連携の現状

産学連携の道が大きく広がった理由に，国立大学法人における非公務員となる教職員の兼業の扱いを自主的に設定できることがある．従来は大学の勤務時間内での兼業を条件付きでしか認めておらず産学連携の制約になっていた．法人化後は人事，給与制度を大学が決めることができるため文部科学省は外部資金獲得などを給与や人事に反映させることで研究者同士の競争も促したい考えである．これまでは認められていなかった研究成果活用のための TLO

(Technology Licensing Organization：技術移転機関）への出資や大学債の発行の道が開かれた．従来は教職員や研究グループが資金を捻出していたが法人化後は大学が組織的にTLOを支援できるようになり，大学発ベンチャー企業育成に弾みをつけることになる．特許などの知的財産は現行の発明者個人から国立大学法人に帰属するようになる．日本の民間企業の研究費支出先は2000年において海外の研究機関へ約1,570億円，国内大学への支出は約670億円と半分にも満たない状況である．このように産業界の国内大学への評価が低いのが現状である．反面大学も海外に拠点を設置するところがある．東京大学はアメリカ，シリコンバレーに研究所を，京都大学は中国，上海に大学院を設置している[4]．

（2）インキュベーションの大学

　大学発の技術を活用した起業を支援するための施設を設置した大学が2002年末で21校となった．インキュベーション施設を開設している大学は，早稲田大学等の私立が12校，国立が6校，その他となっている．2004年の法人化をにらみ国立大学が法人化を急いでいる．東京大学は産学連携の体制整備スケジュールは2004年4月の独立法人化を見据えて行うとした．2002年末において教官らが設立や運営に携わる教員ベンチャーは257社になり，TLOを設置した大学45校，ベンチャー論講座開設で起業家教育を実施が増加している[5]．インキュベーション施設設置予定は以下のとおりとなっている．2003年度中は金沢大学，岐阜大学，山口大学，徳島大学，熊本大学，東京農工大学，長岡技術科学大学，東北大学，大阪大学，東京大学，大分大学，2004年度中は愛知県立大学，明治大学，東京水産大学である．これらの大学はイノベーション型大学といえる．イノベーションは変化，変革を意味しているが，インキュベーション設置イコール，イノベーションをおこなっているといえる．

（3）インキュベーション施設での新産業創出
① 神奈川県地域のインキュベーション施設

不況打開の切札として全国的に設置されつつあるインキュベーション施設の現状を神奈川県地域において検証する．神奈川県中央部相模原市西橋本にある第3セクターさがみはら産業創造センターは1999年4月に国（地域振興整備公団），相模原市などが出資して設立されたインキュベーションである．入居企業支援やビジネスプランコンテスト，創業セミナーなどの事業を展開し起業家社会構築に向けた活動を行っている．同センターは新規事業を育成，支援するエリアとベンチャー企業，大学研究所エリアに分かれている．地域中小企業と大学の連携の事例としては，地元中小企業と女子美術大学との産学連携においてデザイン，マーケティング活動を展開している．海老名市今泉にある神奈川県産業技術総合研究所では，研究開発施設の一部をインキュベーションとして提供する．対象を化学系企業を想定している．厚木市岡田にある厚木テレコムパークでも新事業創造を支援するインキュベーションを整備し，開発型ベンチャー企業が7社入居している[6]．

② 大阪府地域のインキュベーション施設

東京一極集中による経済機能低下や全国的にみても高い完全失業率など厳しい状況にある大阪において，大阪の各自治体はインキュベーション施設に力を入れている．大阪府では2003年末現在8ヵ所のインキュベーション施設を展開している．大阪のインキュベーション施設ではPRが効果をあげ施設の入居状況は満杯である．主な施設としてテクノフロンティア堺，同市さかい産業プラザ（堺新事業支援センター，整備中），東大阪市クリエイション・コア東大阪，同Ⅱ（整備中），茨木市大阪大学連携型起業家育成施設（整備中）がある．東大阪市クリエイションⅡには大阪大学，近畿大学のサテライトオフィスが入居予定である[7]．

③ 福岡県地域のインキュベーション施設

九州地域の自治体が運営しているインキュベーション施設は，いずれも満室

かそれに近い状態である．九州地域での同施設の供用がはじまったのが2000年以降であった．福岡市は「インキュベーションプラザ」を2ヵ所で運営している．早良区で2000年11月に運営をはじめた「百道浜」は23室,「博多」は12室となっている．福岡県はSOHO（個人,小規模事業所）の支援を積極的に行っている．2000年にSOHO仲介事業者懇談会を設立し，SOHOエージェント協議会,SOHOグループ代表者会議を発足させた．2001年にはSOHOサポートセンターも開設した[8]．2003年にはロボット産業振興会議を設立し国際的競争力の高い新産業の創出と雇用拡大を目指した．中核メンバーはソニーコンピュータサイエンス研究所，九州大学，九州工業大学，早稲田大学と約200社のロボット関連企業，研究所である[9]．

2．アメリカの大学形成，産学連携，大学発ベンチャー

（1）アメリカの大学形成と歴史

　宮田〔2002〕によればアメリカの大学は元々はプロテスタント教会の設立した私立大学からはじまった．カトリック教会や英国教会のような教会の権威ではなく，聖書を中心にした布教活動を目指すピューリタン移民は自分で聖書を読むことのできる人間を育てようと教育を重視した．1646年以前のニューイングランドには1万人に満たない人口のところに，約100人のケンブリッジ大学出身者とその3分の1程度のオックスフォード大学出身者がおり，これは40～50世帯に1人という割合であった．教育熱心であった旧植民地では教会によって大学がつくられた．1636年に組合派がつくったハーバード大学をはじめとしてエール大学，プリンストン大学など，独立までの100年間にアイビーリーグと呼ばれる私立の名門大学が設立された[10]．ここでアメリカの植民地時代の大学を図表6―1に提示する．参照されたい．

　さらに，アメリカの大学は教会設立の私立大学が中心になって発展した．植民地時代にできた大学は，州政府が資金を援助し大学の運営に介入することも

図表6−1　アメリカ植民地時代の設立大学

大学名	州	宗派	設立年
ハーバード	マサチューセッツ	組合派	1636
ウィリアム・アンド・メアリー	バージニア	監督派	1693
エール	コネチカット	組合派	1701
ペンシルバニア	ペンシルバニア	無宗派	1740
プリンストン	ニュージャージー	長老派	1746
コロンビア	ニューヨーク	監督派	1754
ブラウン	ロードアイランド	洗礼派	1764
ラトガース	ニュージャージー	オランダ改革派	1766
ダートマス	ニューハンプシャー	組合派	1769

出所）宮田〔2002:16〕

あったので，厳密には州と教会の複合体（半官半民）によって管理されていたとみることもできる．ハーバード大学は1823年，エール大学は1831年まで州政府の資金援助を受けていた．大学の所有権に関する重要なできごとが「ダートマス事件」である．ニューハンプシャー州がダートマス大学を州政府管理のもとにおこうとしたことに対して，1817年に州裁判所は州政府の勝訴としたが，1819年に最高裁は州政府の敗訴の判決を下した．この「ダートマス事件」によって，植民地時代にできた大学の私立大学としての独立性が確立されることになった．本格的な州立大学の発展は1862年の国有地法（Land‐Grant College Act）いわゆるメリル法（Morrill Act）からはじまった[11]．その後これらの法律によって州立大学の地元への利益還元がはじまった．特に農家への技術移転が求められた．南北戦争後アメリカでは産業資本が発達し大富豪が現れ，彼らの私財によってその名を冠した私立大学がつくられた．コーネル大学（1865年），ヴァンダービルト大学（1873年），スタンフォード大学（1885年），カーネギー大学（1900年，のちのカーネギー・メロン大学）である．なおシカゴ大学（1892年）はロックフェラー家からの資金によるものである[12]．大学への影響力はそれ

までの教会から実業界，企業関係へと変化することになった．それがその後の大学と産業界との連携へと発展することとなった．

（2）アメリカの産学官連携のはじまり

アメリカでは19世紀後半に地域経済の発展に貢献することを期待して，州立大学で農学，工学が研究，教育されていた．アメリカの大学は地元の企業へのコンサルタントなどを行うなど産学連携に熱心であった．1920年代まではアメリカの産業界は大学に直接役立つ知識を求めていた．1940年代になると企業は自社内で研究開発能力を向上させたため，大学にはむしろ企業が充分に行うことができない基礎研究，汎用技術の開発を求めるようになった．1960年代はベトナム反戦運動のなか，産学連携は後退していたが教員によるコンサルタント活動は行われていた．この時期マサチューセッツ工科大学やスタンフォード大学では近隣に大学関係者によるスピンオフ企業が集積していた．スタンフォード大学では大学自らがリサーチパークを建設し企業の研究所を誘致していた．その後スタンフォード大学にならってコーネル大学やプデュー大学もリサーチパークをつくろうとしたが立地が悪く企業が集まらなかった．[13] 安保〔2001〕によれば，1970年代のアメリカの不況下で新産業創出の努力が行われた．しかし当時は国の予算によって行われた大学や国立研究所の研究成果が特許化されても権利は国の機関に帰属することになっていた．その機関が特許を民間にうまく移転することができなかった．そこで1980年にバイ・ドール法が制定され特許の実施権料（ロイヤリティー）は大学と発明者にも配分されるようになった．それ以来，アメリカの研究大学を中心にTLO（技術移転機関）が多く設立された．

（3）アメリカの大学発ベンチャー
① スタンフォード大学発ベンチャー企業

アメリカ西海岸のスタンフォード大学第10代学長ジョン・ヘネシーは，同

大の電気工学部準教授をしていた1984年に長期休暇をとり自ら起業した．ジョン・ヘネシー学長によると，スタンフォードでは学生デビューもめずらしくなく，たとえば1990年代半ばにインターネットが爆発的に普及したときに電気工学部の2人の院生が新しいネット検索技術を開発した話を聞きつけすぐに試作品を見に行った．彼らの技術が世界を変えると直感した．2人は後に検索サービス大手ヤフーを創業するジェリー・ヤンとデビッド・ファイロであった．ヤフーの成功後1996年から多くの大学発ベンチャー企業が発生している．そのなかの検索エンジン開発大手のグーグルも大学発ベンチャー企業の成功例である．スタンフォードの最大の特徴は新興企業のインキュベーションの役割を果たしている点である．ミップス・テクノロジーやサン・マイクロシステムズなども大学発ベンチャー企業である．ジョン・ヘネシーは次世代の革新技術を育てるのは大学が最適であり，自身の役割は起業家精神の育成と述べた[14]．

② リサーチパーク

ユタ大学は1965年に大学主導でユタ大学リサーチパーク（University of Utah Research Park）を設立した．スタンフォードのリサーチパークは大学主導であったがそれほど計画性はなかったが，ユタ大学の関係者はスタンフォード大学のような成功を目指して計画的に追随した．その他1971年までに81ヵ所のリサーチパークが設立された[16]．

3．ドイツ，オランダの産学官連携

(1) ドイツの産学官連携
① 起業数でアメリカを上回る

アメリカを上回る大学発ベンチャーが誕生しているドイツでは1997年に起業件数は635件である．同年のアメリカの起業数の2.5倍に達している．このような起業件数の増加の一因は，東西ドイツの統合後に政府が大学の予算を大幅に削減したことによる．任期のある大学教職員が，大学を離れた後に起業す

ることが多いためである．伝統的に大企業志向が強いドイツであるが学生の間でも起業意識は着実に高まっている．ベルリン経済大学は2001年創業間もない情報技術系企業に投資，起業支援の経歴のあるスヴェン・リプサス教授を招聘した．同氏は起業の現場での豊富な経験を生かし，現場の「生の声」を学生に伝えている．リプサス教授は「経営を学んだ学生が起業に参加することが成功するベンチャーを生み出すカギ」と語った．[17]

② 起業家支援政策

ミュンヘン大学は2000年に起業家支援組織「オデオン」を設立した．経営学部主体の運営で全学部の学生を対象としている．起業ノウハウを講義形式で提供し理系と経営学部でチームを作り技術と経営の双方が分かるようにベンチャー作りを支援する．ドイツ政府の支援では1996年に国内3ヵ所をバイオ産業重点育成地域「ビオレギオ」に指定し研究補助金を支給し，その地域においてバイオベンチャーの起業ブームを引き起こした．ハイデルベルグ市ではハイデルベルグ大学や国立がん研究センターなどバイオ研究，バイオ産業の集積を進めている．その中心が大学に隣接するハイデルベルグ・テクノロジーパークである．入居30社であるがビオレギオに選定されて以降50社近い受け入れ体制になった．大学発ベンチャー企業の誘致に市をあげて取り組んでいる．2000年には入居ベンチャー企業のリオン・ビオサイエンスがドイツ新興企業向け株式市場「ノイアマルクト」に上場した．[18]

（2）ドイツの大学から見た産学官連携

ドイツ産学官連携では大学教授が主体となって民間資金を導入して応用研究を行うアン・インスティチュート（大学周辺研究所）と専門大学の教官が多くの場合に研究員を兼ねて中小企業などに技術支援を行うシュタインバイス財団が中心となっている．前項でも取り上げたアメリカを凌ぐ大学からの起業活動の背景にはドイツの大学が産学官連携の下に産業界からかなりの研究資金を導入していて特許出願を多く出している事実がある．1993年には大学から合計

図表6－2　ドイツ大学関連の特許出願件数（1993年）

順位	大学名	件数
1	アーヘン工科大学	61
2	ミュンヘン工科大学	48
3	カールスルーエ大学	42
4	ドレスデン大学	38
5	エアラーゲン・ニュルベルグ大学	36
6	ゲッティングン大学	35
7	ベルリン自由大学	35
8	ベルリン工科大学	29
9	シュツットガルト大学	27
10	ハイデルベルグ大学	26

出所）近藤〔2002：49〕より筆者作成

　1,070件の特許が出願された．アーヘン工科大学がトップで61件，ミュンヘン工科大学48件，カールスルーエ大学42件であった[19]．図表6－3においてドイツの大学関連特許出願数を提示する．

　ドイツの大学が民間企業の資金を取り入れはじめたのは1970年代であった．ドイツの大学はすべて州の管理下にあり，大学教授は州の公務員であり，授業料は無料のため運営資金を全面的に州政府に頼ってきた．しかし，大学は入学試験なしで多くの学生を入学させたため，外部の資金を導入する必要に迫られて1970～1980年までの10年間に産業界から多くの資金提供を受けた．1980年代に入ると大学や公的研究機関から民間企業への技術移転の必要性が認識されはじめ，技術移転を強く意識した産学官協力が行われるようになった[20]．

(3) ドイツの研究機関からみた産学官連携

　フラウンホーファー協会は産業界から多くの資金が流入している．同協会の全体の収入に占める産業界からの収入の割合は1990年代後半から増加が著しく，1998年には31％を超えた．基礎研究に特化しているマックス・プランク

協会の研究所では，産業界からの委託研究や民間企業との共同研究はほとんど行われていない．これはマックス・プランク協会の定款に産業界からの委託研究が記載されていないためである．マックス・プランク協会では科学振興のための研究の自由と独立とが大切にされている．しかし例外として定款に背かない範囲で産業界からの委託研究を受けている．マックス・プランク協会は1970年に技術移転専門の機関を設立した．1979年以降は研究所のノウハウを利用して研究結果を特許申請し民間へ提供した．1993年には有限会社となりガーシンク・イノベーションとして特許を毎年45〜70件ほど民間企業へ提供している[22]．

（4）オランダの産学官連携

　オランダでは主な産業である「食品加工」「化学」の二大産業を基礎に，目覚ましい発展を遂げたのがバイオテクノロジーである．アムステルダム市や西ホランド地域など，バイオ企業が集まる地域が全国に7ヵ所あり，総称して「バイオ・デルタ」といわれ，企業数は約300社である．オランダ中部のヘルダーランド州の一角には「フードバレー」があり，食品企業だけでなく大学や政府機関，運送業などが集積している．ワーヘニンゲン大学の付属研究所（UR）は企業と共同で食品包装材を開発している．また食品アレルギーのデータベース構築など実用的な開発が多い．ワーヘニンゲン食品研究所のハウトファスト教授は，研究機関と企業，政府が一丸となる土壌がここの強みと述べた．同教授がフードバレーの名付け親である．西部のライデン市には「バイオ・サイエンス・パーク」があり，ゲノム，抗体工学など約50社が集積している．ライデンを含む西ホランドのバイオ企業の雇用者数は3,500人に上る．国の方針としてゲノム分野を伸ばす行動計画があり，実行部隊の「オランダ・ゲノミクス・イニシアティブ」が2007年までに2億ユーロを投入する．責任者のフォレスターは「資源に乏しい我が国が国際競争を勝ち抜くには，知識集約産業の育成が欠かせない」と述べた．新薬の開発で臨床試験の開始までにか

かる期間は4～6週間であり,他の欧州諸国の数ヵ月に比べ圧倒的に早い.バイオ企業の約75％が大学や研究機関と連携する産学協調の成果である[23].オランダのバイオテクノロジーのクラスター地域は,①オランダ北部（フローニンゲン大学と同大学病院の周辺に関連企業約80社が集積,微生物生理学などが強く産学官連携も盛んである）,②フレボランド州（農業分野,ウイルス学などに強みをもつ,関連会社約40社である）,③アムステルダム（アムステルダム大学、オランダがん研究所などバイオ関連企業の労働者は約3,500人である）,④西ホランド（ライデンの「バイオ・サイエンス・パーク」は欧州最大規模のバイオクラスター地域で創薬技術がハイレベルである）,⑤ユトレヒト（労働人口の85％がバイオ分野の研究開発に従事,約40社が集積ゲノム分野に定評がある）,⑥ヘルダーランド州（食品に強いワーヘニンゲンの「フードバレー」がある.生物医学のナイメーヘンの2ヵ所の集積地がある）.

4．ヨーロッパの産学官連携

欧州ハイテク産業の産学官開発組織「MEDEA PLUS：メディア・プラス」（本部ブリュッセル）が世界の注目を集めた.1980年代には日米の2週遅れといわれた欧州のハイテク産業の追い上げの立役者となったのがメディア・プラス等の産学官連携であった.同開発組織はフランス家電大手のトムソンを中心にフィリップス,インフィニオン・テクノロジーズ,アルカテル,エリクソンなどライバル同士の大手が協力関係を結んでいる.1990年代に弱小メーカーであったSTマイクロが生き残りをかけて選んだ戦略が家電や情報通信機器などに使用する専用IC（システムLSI：Large‐scal Integration）への特化であった.フィンランドのノキアが世界トップの携帯電話メーカーに成長できたのもSTマイクロをはじめとした欧州半導体メーカーの技術力であった.約220の有力企業,大学,政府系研究機関が参加するメディアは欧州の各国政府が総額40億ユーロ（約5,300億円）を支援している.1985年に欧州共同体（EC）がはじめた欧州先端技術共同研究「EUREKA（ユーレカ）」の中核事業であり,1988年の

半導体大手の共同開発計画「JESSI（ジェシー）」が前身で1997年から産学官組織「メディア」となった．2001年から大幅に参加企業を増やし，現在のメディア・プラスとなっている．組織運営は参加企業が新規プロジェクトを自由に提案しメディア本部がパートナーや様々なネットワークを紹介している．

メディア・プラスのノブランク会長は産学官交流の意義や今後の戦略を「欧州の武器は多様性であり，中小企業，大学，政府系研究機関なども特殊な技術やノウハウをもっている．それをパッチワークのように組み合わせる」と述べた．[24] ヨーロッパでの産学官連携はアメリカ，日本，台湾，韓国の半導体先端技術開発競争に追いつき追い越す勢いである．ヨーロッパ各国の協力によってメディア・プラスやITEA（ソフトウェア）の大型産学官連携により次世代の研究開発も進んでいる．次世代の先端技術は第4世代携帯電話（インフィニオン，STマイクロなど），次世代デジタルテレビの双方向通信（フィリップス，フランステレコム，STマイクロなど），次世代の高速ネット接続（ノキア，エリクソン，シーメンスなど），自動車の情報通信端末用半導体（プジョー，シトロエングループ，フィアット，インフィニオン，ボッシュなど），次世代の半導体露光技術（STマイクロ，フィリップス，仏原子力庁など）であり，産学官連携によって約35のプロジェクトが進んでいる．[25]

◆ おわりに

日本，アメリカ，ドイツそしてヨーロッパの産学官連携を通じていえることはPeter F. Druckerの知識社会の到来が間違いなく現実となっていることを証明している．1969年当時の労働集約型から2004年の知識社会への急速な変化に対応できている世界の北部地域は限りない発展を遂げている．アメリカ以外の資源をもたない国々において知識，知財の先端技術開発産学連携が発展の大きな要因となっていると考えられる．産学官連携をいち早く導入したのはアメリカであり，1980年バイ・ドール法施行後の先端技術開発のスピードは驚

異的であった．同じころヨーロッパも先端技術開発において国を越えて産学官連携をはじめている．しかし日本では大企業の研究所の整備やアメリカシリコンバレーのベンチャー企業への研究費提供また大学との連携は早くから進んでいたが，国内の法律たとえば大学教授の兼業禁止等によって産学連携が阻害されてきた．1980年代にテクノポリス計画によって国立大学のリエゾン（Iiaison：連結，連絡）機能をもつ地域共同研究センターが設立されたが機能していなかった．1998年の大学等技術移転促進法によって，ようやく産学官連携の気運が高まった．だがアメリカに遅れること約20年，ヨーロッパから約30年とは「産」と「官」のイノベーションの違いなのか今後の課題といえる．本章においてはアメリカ，ドイツ，ヨーロッパなどの産学連携の近年の現状を表面的にしか検証できなかったが，今後アメリカのバイ・ドール法などその成立背景を検証したいと考える．

注）
1）ウエイブサイト　V23.org（日本経済新聞記事）
2）安保邦彦〔2001〕同友館　p.123
　　日本の産学連携元年は1998年である．TLO＝テクノロジー・ライセンシング・オフィスは大学の成果を特許化し企業に譲渡，斡旋して得た実施料，利益を大学や研究者に還元する組織である．
3）同上書　pp.125-126，p.127
　　VBLの問題点として，既存の国の施設として位置づけられるか，ほんとうの意味のベンチャー企業育成になるかである．
4）『日本経済新聞』2003年7月10日朝刊「自立と競争試練の国立大：産学連携道広がる」記事
　　産学連携強化に向けた大学側と産業界の思いは必ずしも一致していない．
5）『日本経済新聞』2003年2月4日朝刊「大学，起業支援活発に：本社調査，施設設置早大など21校」記事
　　日本経済新聞社　2002年11，12月の調査，全国683校の国公立私立大学対象，391校から有効回答を得た．国立大学の45.6％がインキュベーション施設の開設，拡充をあげた（複数回答）．
6）『日刊工業新聞』2002年10月4日「活発化する新事業創出と産学連携」記事
　　相模原市には2003年4月に青山学院大学のキャンパスが開校することもあり，さがみはら産業創造センターと産学連携が期待される．

第 6 章　インキュベーションと産学官連携　97

7) 同上書　2004 年 1 月 1 日「ビジネスインキュベーション施設」記事
　全国にあるインキュベーション施設のクリエイション・コア，テクノフロンティアは国（地域振興整備公団）の設置である．
8) 同上書
9) 同上書　2003 年 6 月 4 日朝刊「産学官で振興会議：麻生知事正式発表：福岡からアトムを」記事
10) 宮田〔2002〕p. 15
　大学の目的は聖職者が自分で聖書を勉強し説教することができるように教養を身につけさせることであったが，大学はけっして神学校ではなかった．
11) 同上書　p. 18
12) 同上書　p. 20
13) 同上書　p. 93，pp. 95-96，p. 97
14)『日本経済新聞』2003 年 2 月 10 日夕刊「世界を変えろ①スタンフォードは新興企業の「ふ化器」起業大いに結構．でも卒業はするように理工系学部は若手登用を」記事
15) 同上紙
16) 宮田〔2002〕　p. 181
17) 日本経済新聞社編〔2003〕pp. 46-47
　ドイツでは医学，工学系の研究者や学生による大学発ベンチャーが多いが，経営面で行き詰まるケースが少なくないからだ．
18) 同上書　pp. 47-48，p. 49
　2002 年には IT バブル崩壊でノイアマルクト上場企業の株価は低迷し，市場の閉鎖が決った．
19) 近藤〔2002〕p. 48
　官学連携については，フラウンホーファー協会の研究所の研究員が大学教授を兼任していることも多い．これは日本の埼玉大学大学院と理化学研究所の連携を第 1 号とする連携大学院に基づく研究者の兼任に類似する．
20) 同上書　p. 50
21) 同上書　p. 54，p. 56
22) 同上書　pp. 56-57
23)『日本経済新聞』2003 年 4 月 30 日朝刊「オランダ，先端産業育成：バイオ大国目指す，集積地域，産学が協調」記事
24) 同上書　2003 年 7 月 21 日朝刊「産学官交流最先端築く：欧州ハイテク産業復権，中核組織（メディア・プラス）技術融合開発速く」記事
25) 同上書
　2 大研究開発支援スキーム図を参照した．
　EU（欧州連合）のフレームワーク計画は基礎研究中心で 1984 年開始，ユー

レカは実用化に近い技術中心で1985年開始であった．両研究開発により情報技術，通信技術，エネルギー，医療，バイオなどを含む9分野に波及した．メディア・プラスはデンマーク，ルクセンブルクを除くEU 13ヵ国とスイス，ポーランド，トルコ，イスラエルの合計17ヵ国が参加．

参考文献）

安保邦彦〔2001〕『ベンチャーマネジメントの向上：国際比較研究』同友館
宮田由起夫〔2002〕『アメリカの産学連携：日本は何を学ぶべきか』東洋経済新報社
日本経済新聞社編〔2003〕『大学発ベンチャーガイドブック』日本経済新聞社
近藤正幸〔2002〕『大学発ベンチャーの育成戦略』中央経済社．
後藤幸男・西村慶一・植藤正志・狩俣正雄〔1999〕『ベンチャーの戦略行動』中央経済社
Drucker, P. F.〔1969〕*The Age Of Discontinuity,* Published by Harper & Row：Publishers Inc., New York.（林雄二郎訳〔1969〕『断絶の時代：来るべき知識社会の構想』ダイヤモンド社）
Drucker, P. F.〔1989〕*The New Realities,* Published by Harper & Row：Publishers Inc., U.S.A.（上田惇生・佐々木実智男〔1989〕『新しい現実』ダイヤモンド社）

第7章

ベンチャー企業，中小企業の簿記研究

―― 簿記の基礎 ――

◆ はじめに

　ベンチャー企業のアントレプレナー，中小企業の創業者は around the clock（24時間休みなしの）で仕事に挑んでいる．そのため，営業中心の仕事に没頭し，自社の経営状況を把握できていない場合がある．いかに高いビジョン設定ができていようが，in hope of（希望を抱いて）いようが，自社の経営分析ができなければ発展は望めない．まずアントレプレナー，創業者は経営学の基本といえる簿記を修得するところから経営学の入口に入らなければならないと考える．To ward off（避ける）ことのできないドメインと考える．finance を理解し，企業経営をする必要性がある．本章では，簿記会計の発生，形成を中心にした．

1．ベンチャー企業，中小企業の必要とする簿記論

(1) 簿記の説明

　ベンチャー企業，中小企業がアントレプレナー，イントラプレナー，創業者によって起業され成長を続ける．成長を続けるためには，企業運営に必要不可欠な会計が重要となる．その入口にあるのが簿記 (book‑keeping) である．河

野〔1999〕によると，一般的に簿記とは一経済主体の経済的活動を一定の方式によって帳簿に記録，計算，整理する技術である．資本主義経済においては，企業は営利目的のもとで営業活動を行っていくために，資本を調達し，それは貨幣形態をとり，交換過程において種々の経済財貨に換えられる．すなわち，商品を仕入れたり，設備を購入したり，給料や諸経費を支払ったりして貨幣から他の物へ，または他の物から現金へと流れていく．

結局，商品または用役を販売することによって，再び貨幣の形態で回収されてくる．こうして，企業の経済活動は，その資本の循環運動を通じて企業利潤の増殖を図るのである．

$$G-W\begin{cases}P_m\\A\end{cases}-P-W'-G'$$

すなわち，投下資本（G）によって機械設備等（Pm）および原材料（W），労働力（A）や用役を取得し，それを加工生産（P）して，新しい製品（W'）を創出して，販売（G'）して利益（G'−G）を得る．そのために簿記が必要になると述べた．

（2）簿記の種類

簿記は単式簿記（single entry book‐keeping）と複式簿記（double entry book‐keeping）とに区分される．

単式簿記は，特定の原理・原則によらず，統一的計算記録を行う組織を有しない．その記録は現金，商品，債権や債務などのような財産の一部についての増減を記録する簡単な記帳法である．しかも，現金の収入，支出，債権の増減，債務の増減，仕入や売上の増減を個々，別々に記録するものであって，それぞれ互いに関連させる体系的記録組織ではない．資本の増減はすべての在高計算を行う時，その結果として間接的に判明するものであって，一定期間の純損益を把握するにしても，その発生原因を記録することができない．小規模経営の小売業などで使用されている．

複式簿記は，複式，二面的な記帳方法という一定の原理，原則に従って財産および資本の増減変化をすべて統一的に記録計算するとともに，費用および収益の発生原因を記録計算する．すなわち，複式簿記においてはすべての取引を資産，負債，資本の増減および費用，収益の発生として二面的に借方，貸方に区分把握し記入する．これによって単式簿記では把握されない企業の経営活動の成果の発生原因を明確にしうるとともに，その記帳が自動的検証能力を備えることとなり，完全な統一的な記録計算体系となる[2]．

（3）簿記会計の意義

現代会計教育研究会〔1977〕によると，会計（accounting）用語は，それが行われる時代や領域などに応じて，多様な意味に用いられている．しかし，すべての会計に共通する一般的かつ基本的な意味に限定していえば，会計とは，財産変動の事実と記録の計算的管理であるといえよう．すなわち，会計は簿記によって財産変動を記録することにより，まず，記録自体の正確性を計算的に管理し，さらに財産の実情を実地に調査することにより，財産変動の事実と記録を照合して両者の正確性を計算的に管理する．

（4）簿記会計の発生と形成

簿記会計の歴史は，人類とともに古く，その起源は古代のエジプト，バビロニア，ギリシャの時代にまで遡ることができるが，これらの時代の会計記録は金銭収支や貸借に関する簡単な内容のものであった．複式簿記の萌芽は，中世の12～13世紀のイタリアの商業都市，ジェノバ，ベネチア，フィレンツェなどの現存する商業帳簿に認められる．これらの帳簿には，債権，債務の記録のため，相手先別に記録，計算の単位を設け，その記録，計算の場所が帳簿を開いた両ページに設けられ，左のページをdare（借方）として相手方の借り，すなわち債権の発生を，右のページをavere（貸方）として，相手方の貸し，すなわち債務の発生を記録した．図表7―1を参照されたい[3]．

図表7−1

Dare（借方）	Avere（貸方）
債権の発生	債務の発生
（相手方の借り）	（相手方の貸し）
債務の消滅	債権の消滅

出所）現代会計教育研究会〔1977:7〕

2．ベンチャー企業，中小企業の簿記会計の前提

（1）企業実体の前提

　複式簿記の進化とともに，その記録対象は拡大し，企業に属するすべての財産を包含するようになった．注目すべきことは，記録対象を集約し，統括する中核的勘定として，資本勘定の形成をみたことである．これはまたすべての財産を貨幣価値的に集約し，統括する資本という概念の成立を意味する．

　資本概念や資本勘定の形成はまた，企業の簿記会計と家計との完全な分離，いわゆる店の会計と奥の会計との分離をも意味する．これは中世イタリアにおける旅商的商業経営や，徐々に一般化した定住的商業経営で実現された．

　企業と会計の分離という歴史的経済事象に基づくものである．すなわち，企業の簿記会計では企業主から独立した別個の経済的実在，つまり企業全体（business entity）を前提とし，企業そのものを会計の記録，計算の範囲である会計単位とする[4]．

3．簿記会計の役割

　現代会計教育研究会〔1977〕によると，簿記会計とは一般的には財産変動の事実と記録を計算的に管理することであり，いい換えれば簿記会計によって財産保全機能は可能とされる．もっとも，財産変動の事実は記録に拠らなくと

も，これを実地に調査すればある程度までは把握できる．しかし，この場合は，紛失や盗難などによる滅失は発見し難く，財産の確実な保全は困難である．また，以下で述べるような企業の簿記会計において重要な職能とされる報告は不可能である．もとより，出資者が単独ないし少数の出資者自らが経営者である小規模企業では，外部に対する報告は特に問題とされない．

しかし，企業規模の拡大につれて，債権者から資金の提供を受けるようになると，債権者は企業の債務弁済能力に関心を寄せ，企業としても債権者という利害関係者に対し，財産状態を報告する必要が生じてきた．

このようにして，企業の簿記会計は，私的性格から社会的性格のものへと変質した．ことに，債権者保護という法的思考に立脚したフランス商事法令が1673年に制定され，商業帳簿の記帳や備え付けなどの義務を法制化したことは，会計史上画期的なことであった．

4．簿記会計学の制度

企業会計学の制度は，経営活動によって生じた財産変動と損益変動とに関して，その変動要因および結果を計数的に測定，分析しこれを利害関係者に会計情報として提供するための社会的枠組みであり，手続きの総体である．これに関する基本的枠組みないし制度は，次のようなものが認められる．

(1) 商法

商法は，第1編総則第5章において，企業の計算規定特に会計帳簿の体系について触れ，この中で企業は営業に関する財産状態，損益動向を明示するために，会計帳簿および貸借対照表を作成すべきことを要求している（商法第32条）．また，このための会計表作成に関しては「公正な会計慣行」に準拠するべきことと規定されている．

この商法が要求する企業の計算書類は，①貸借対照表，②損益計算書，③

営業報告書，④利益処分または損失処理計算書，⑤財務諸表附属明細書であり，これらは毎決算期の作成と会計監査とが義務づけられている（商法第281条，281条ノ二，三）．

（2）計算書類規則

これは商法281条に定める計算書類の記載方法を定めた規定であり，正式には「株式会社の貸借対照表，損益計算書，営業報告書および付属明細書に関する規則」（法務省令，平6―法省令第46号）である．その趣旨は，商法第281条に定める会計表の具体的な注記事項について細かく規定したものである．

（3）財務諸表規則

この規則は正式には「財務諸表等の用語，様式および作成方法に関する規則」（大蔵省令，平6―大蔵省令第21号）である．これは，証券取引法の規定（同法第193条ノ二）に従う．

株式会社の財務諸表作成について規定した命令であり，一般原則として企業会計原則に準拠すべきことが規定されている（財務諸表規則第1章総則）．

（4）税法

法人税，所得税法では，企業の所得金額に関する計算規定および確定申告書とともに提出すべき会計書類に関する規定（法人税法第74条）がある．

（5）企業会計原則

企業会計原則は法的規定ではないが，一般に企業会計の会計慣行として定着したものの中から，社会的に公正妥当と認められた会計原理を選択し，これを社会的基準として要説したものである．この原則は，すべての企業が会計処理において当然に従うべき重要基準であることはいうまでもない[5]．

5．正規の簿記の原則

　企業会計は，すべての取引につき正規の簿記の原則に従って，正確な会計帳簿を作成しなければならない（一般原則・2）．

　この原則は正規の簿記の原則と呼ばれ，真実性の原則を根拠づけるものである．本来，企業会計は過去の取引の記録に基づいて経営の成果を明らかにすることに主眼をおき，財務諸表はこの記録に基づいて作成される物である．したがってこの原則によれば，すべての取引は客観的証拠に基づき秩序正しく，かつ明確に記録されなければならない．つまりこのことは，これらの記録は自動的にその正否が検討され，その正確性が確保されるものでなければならないことを意味する．

　したがって，財務諸表は正規の簿記の原則に基づき歴史的記録から作成されなければならないものとされており，この方法は，実施調査による財務目録から作成される財務目録法に対し誘導法といわれる．

　この場合の簿記とは複式簿記に限らず，他の中小企業簿記要領等の簿記法もこれに含まれるが，中でも複式簿記はこれらの諸要件を満たす最高の簿記法であることはいうまでもない[6]．

6．資本取引と損益取引の区別の原則

　資本取引と損益取引とを明瞭に区別し，特に資本剰余金と利益剰余金とを混同してはならない（一般原則・3）

　本原則は資本と利益との区別に関する原則であって，これらについてその明確な区別を要求するものである．つまり資本取引と損益取引とを混同することにより資本が利益に転化され，そのために生ずる資本の食いつぶしを防止しようとするものである．

　株式会社では確定資本制度が採られているため，これを超える資本部分は資

本剰余金とされる．資本とは株主の払い込みによるものであるから，本来発行済株式の発行価額の総額をいうのであるが，発行価格のうち2分の1を超えない範囲内で資本に組み込まれないことのできる金額，すなわち株式払込剰余金も資本に属する．また会社の合併における合併差益や資本減少の場合に生ずる減資差益は，出資または資本修正によるものであって，これらはいずれも資本取引によって生ずる資本部分，すなわち資本剰余金といわれる．[7]

7．簿記の実際

太田，新井〔1976〕は簿記について述べた．簿記の目的は次の2つに要約することができる．

(1) 記憶によらないで過去の企業活動の経過が明らかに記録されていること．
(2) 財産および損益の変動が勘定に記録され，企業会計の目的である損益計算と財政状態の確定が一つの計算機構で行われること．

また簿記は，これを用いる業種により商業簿記，工業簿記，銀行簿記などに分けることができる．その記録方法によって単式簿記，複式簿記に区別することができる．商業，すなわち商品販売業で用いられる簿記を商業簿記，製造工業では工業簿記が用いられ，銀行，証券業などの金融業では銀行簿記が用いられている．

正規の簿記として複式簿記が用いられることが多い．複式簿記は次に述べるように一定の法則によって記帳，整理を行い，記帳の結果を試算表を用いて，自動的に換算することができるようになっている．

① 勘定の分類

財務諸表，すなわち貸借対照表および損益計算書などに示される各項目を勘定科目といい，その増減を記録するために勘定が設けられる．勘定は資産，負債，資本，損益などの増減を集計するための計算上の区分であり，その個々の項目名を勘定科目という．以下に勘定科目の分類を提示する．

i 貸借対照表勘定

・資産勘定 { 流動資産 — 現金,預金,受取手形,売掛金,有価証券,未収金,商品,製品,原材料,仕掛金,貯蔵品,前払費用など
固定資産 — 建物,構築物,機械および装置,備品,土地など
繰延資産 — 試験研究費,開発費,社債発行費など }

・負債勘定 { 流動負債 — 支払手形,買掛金,短期借入金,賞与引当金,未払金など
固定負債 — 社債,長期借入金,退職給与引当金など }

・資本勘定 { 資本金
剰余金 — { 資本準備金
利益準備金 } （法定準備金）
その他の剰余金 — その他の資本剰余金,任意積立金,繰越利益剰余金 }

ii 新益計算書勘定

・費用勘定(損欠勘定) — 売上原価,販売費,一般管理費,支払利息および割引料,有価証券売却損,雑損,前期損益修正損など
・収益勘定(利益勘定) — 売上,受取利息および割引料,受取配当金,雑費など

勘定の形式は，その増減を記入するため金額欄を左右2つに分けることが必要である．この左側を借方，右側を貸方という．

残高式勘定口座

日 付	摘 要	丁数	借 方	貸 方	借または貸	残 高

この勘定形式は残高式といわれ，わが国で広く用いられている．

なお欧米では次の形式の勘定口座も用いられている．

標準式勘定口座

日付	摘要	丁数	借方	日付	摘要	丁数	貸方

金額の合計を計算して，差し引いてみることが必要である．残高式に比べると借方，貸方別に1行づつ記入を行うことができる．

（借方）　　（貸方）

略式である上の勘定形式を用いて記入を行うことがある．これを丁字形という．

◆ おわりに・・・・・・・・・・・・・・・・・

本章においてはベンチャー企業，中小企業の経営者に簿記に目を向けてもらいたいがために，基礎を提示した．企業経営という厳しい現実の中においても特に会計は重要である．近年注目されているキャッシュフロー経営においても，数字を読めないと経営に支障が出る．簿記がわかってはじめて会計が語れると考える．今後の課題としてベンチャー企業，中小企業に必要な会計システムの研究をしたいと考える．また，できる限りケーススタディを取り上げ，経営分析をしたいと考える．

注）……………………………………………………………
1）河野二男〔1999〕『現代簿記概説』税務経理協会　p.4
2）同上書　p.4
3）現代会計教育研究会〔1977〕『現代簿記会計』多賀出版　p.7
4）同上書　p.9
5）森戸政信〔1996〕『簿記会計学』多賀出版　pp.9-10

6) 林　順一〔1982〕『会計学通論』国元書房　p.15
7) 同上書　p.16

参考文献)
長谷中丸・上野林平・土井亮〔1973〕『簿記概論』中央経済社
現代会計教育研究会〔1977〕『現代簿記会計』多賀出版
泉谷勝美〔1981〕『複式簿記―基礎と実務』森山書房
藤沼守利・別抜ゆき・小林サト・戸田高弘〔1983〕『簿記論詳説』創成社
岡下敏〔1984〕『商業簿記入門』同文舘
新井清光〔1991〕『現代会計学』中央経済社
雲英道夫〔1995〕『新講商学総論』多賀出版
森戸政信〔1996〕『簿記会計学』多賀出版
河野二男編〔1999〕『現代簿記概説』税務経理協会

第8章

ベンチャー企業，中小企業の会計における基本的考察

◆ はじめに

　ベンチャー企業，中小企業の会計については，外部にたよる傾向が強い．少しでも早く自社の財務会計に経営陣がたずさわることが，出口経営戦略にとって重要と考えられる．本章においては，ベンチャー企業，中小企業の資金繰りから企業会計の仕組み，会計諸則における財務諸表体系を検討し損益計算書を含む財務会計の計算構造を取り上げたいと考える．ベンチャー企業，中小企業は営業中心で行動しており，新技術開発や財務会計を後回しにする傾向がある．企業の根幹である財務会計なくして，健全な企業運営はできないと考える．

　また，会計原則は企業が損益計算を行い，財務状態の確定をなすときに守らなければならい原則を示すものであることから，企業経理を制約するために生まれたものである．会計原則の構成方法には，いくつかのものが考えられるが，わが国の「企業会計原則」は，一般原則，損益計算書原則，貸借対照表原則の3部に分かれ，これに注釈が付されている．「企業会計原則」は公認会計士が非監査企業の会計報告ならびに処理が適正に行われているかどうかを検討するための基準となり，商法の計算規定上も尊重される．一般原則は，真実

性,正規の簿記,剰余金区分,明瞭性,継続性,保守主義,単一性の7つの原則よりなり,真実性の原則ならびに継続性の原則がもっとも重要視される[1].これらの原則は後の項でふれることとする.

1. ベンチャー企業,中小企業の資金繰り

中央監査法人〔1998〕は,資金繰りの基本的な考え方として「資金の三角形」をあげている.図表8―1として提示する.

資金繰りが苦しいと感じる時は,下記の「資金の三角形」のバランスが崩れ,調達源泉に支払うカネが不足している場合である.企業のカネの流れがバランス良く回っていない場合には,その流れを矯正することが必要である.資金繰りとは「資金の三角形」のバランスを崩すことなく,カネを回転させることにある.カネがバランス良く回転している時は資金繰りが順調に行われているといえる.

資金不足が生じている場合は,必ず「資金の三角形」のバランスが崩れている.調達,運用,資金化のそれぞれの大きさが調和していない場合,資金繰りが苦しくなる.

中央監査法人による,資金不足解消の基本的プロセスとしては,資金不足がなぜ生じるのかを発見するためには,資金繰りに対する基本的理解が不可欠に

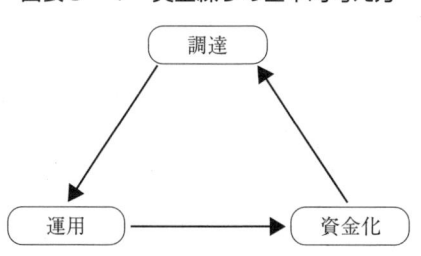

図表8―1 資金繰りの基本的考え方

```
        調達
       ↗    ↖
      ↗      ↖
   運用 ——→ 資金化
```

出所)中央監査法人〔1998:14〕

図表8−2　資金不足解決のプロセス

資金繰りに対する基本的な理解 → 企業の現状分析 → 問題点の把握 → 解決策の列挙 → 解決策の評価 → 解決策の決定 → 解決策の実行

出所）中央監査法人〔1998：16〕

なる．その理解の上で，企業の置かれている現状を正確に把握し，現状を分析することが必要である．問題点が把握できればその問題解決のための方法を列挙することができる．問題解決のプロセスを図表8−2にて提示する．

　ベンチャー企業，中小企業に必要となる資金管理および会計について次項より検討する．最初に必要となる会計の原則より検討する．

2．会計原則の必要性

　現代の国家経済は企業によって営まれており，企業なくして国家の発展は考えられない状態である．ところが，企業規模が大きくなると，企業の国民経済におよぼす影響はきわめて重要になり，企業の計算制度を一定の社会的制約によって方向づけようとする努力が生まれる．企業の計算制度が恣意的に行われると，企業の利害関係者間の調整が図られないことになるからである．たとえば，企業によってわれわれの必要とする衣食住が供給され，企業が納付する税金が国家，社会の発展のために用いられることからも明らかである．すでに示したように企業経理を監査する公認会計士が養成されるのもかかる理由に基づいている[2]．

第8章 ベンチャー企業，中小企業の会計における基本的考察

　企業の損益計算や財政状態の確定は財務諸表において示されるが，この財務諸表を作成する原理や原則がいかに規定せられるかを明らかにするものが会計原則である．すなわち財務諸表は原則として複式簿記を土台として作成されるが，複式簿記は企業の経営活動を損益，資産，負債などの発生，消滅，増減として継続的に記録，計算するところに特色がある．この場合，何を損益とし，何を資産，負債とするかということを明らかにして，その会計処理に一定の秩序を与えるものが会計原則である．

　会計原則は法令ではないが，すべての企業が会計処理をするにあたって法令以上に守らなければならない原則である．公認会計士は企業が会計原則に従って会計処理をしているかどうかを監査し，商法上の計算規定においても尊重されるべきものであるから，会計原則は企業のいわば守るべき最低の線というべきである．会計原則は，一般に公正妥当と認められる会計原則とかの表現が用いられることが多いが，この場合の一般に認められたという用語は会計専門家によって一般に認められたという意味である．[3]

　野澤〔1973〕はわが国の企業会計原則について歴史的見地から述べた．わが企業会計原則は，国民経済の健全な進歩発達をはかるため，企業会計制度対策調査会によって，昭和24年7月に公表された．その後昭和29年7月に部分修正ならびに企業会計原則注釈が公表された．さらに商法改正の伴い昭和38年11月，49年8月，57年4月に改訂が行われた．わが企業会計原則は一般原則，損益計算書原則，貸借対照表原則と注釈から成り，財務諸表の体系は，次の4表から成り立っている．

　　　損益計算書
　　　貸借対照表
　　　財務諸表附属明細表
　　　利益処分計算書

　企業会計原則のうち一般原則は，損益計算書原則と貸借対照表原則のいずれにも共通する基本原則を示すものであって，次の7原則から成り立っている．

① 真実性の原則

「企業会計は，企業の財務状態および経営成績に関して，真実な報告を提供するものでなければならない．」

ここに真実性といっても，絶対的な真実性は企業会計の本質からみてとうてい要求できるものではなく，これを作成する人間の意見や判断の表示であることを前提とする主観的なものとならざるを得ない．この原則は，主観的ではあるが一般に認められている会計原則を，判断の基礎としなければならないとするものである．すなわち要求するのは相対的真実性ともいうべきものである．

② 正規の簿記の原則

「企業会計は，すべての取引につき，正規の簿記の原則にしたがって，正確な会計帳簿を作成しなければならない．」

この原則は，すべての取引は，関係書類に基づき，整備された帳簿に秩序正しく継続的に記録されなければならないと，記録の完全性，正確性および秩序性を要求する原則である．

③ 剰余金区分の原則

「資本取引と損益取引とを明瞭に区別し，特に資本剰余金と利益剰余金とを混同してはならない．」

ここに資本取引とは，資本の増減あるいは他の形態に転換する取引であって，これらの取引からは利益は生じない．損益取引とは，当期の費用および収益を生ぜしめる取引である．

④ 明瞭性の原則

「企業会計は，財務諸表によって，利害関係者に対し必要な会計事実を明瞭に表示し，企業の状況に関する判断を誤らないようにしなければならない．」

財務諸表は必要な会計事実を明瞭に表示するようにしなければならない．不明瞭であると，たとえその事実は事実であっても，利害関係者に対して，企業の状況判断を誤らせるおそれがある．

第8章 ベンチャー企業,中小企業の会計における基本的考察

⑤ 継続性の原則

「企業会計は,その処理の原則および手続きを毎期継続して適応し,みだらにこれを変更してはならない」

これは会計事実について,正当と認められる2つ以上の会計処理の原則または手続きが認められる場合において適応されるものであって,この原則は数年度の財務諸表の比較性を確保するものである.

⑥ 保守主義の原則

「企業の財政に不利な影響を及ぼす可能性ある場合には,それに備えて適当な健全な会計処理をしなければならない」

経営は不確実な経済環境下において行われるものであるから,売掛金の貸し倒れ1つとってみても,過去の経験や景気の予測をとりいれるとはいえ,その見積もりは正確を期することは困難である.

⑦ 単一性の原則

「株主総会提出のため,信用目的のため,租税目的のため等々の目的のために異なる形式の財務諸表を作成する必要ある場合,それらの内容は,信頼しうる会計記録にもとづいて作成されたものであって,政策の考慮のための事実の真実な表示をゆがめてはならない」

財務諸表の用途によって形式は違っても,その内容が正規の簿記の原則に従った会計帳簿に基づいていなければならないとする原則である.

3. 企業会計の領域

企業会計を,計算領域ないし対象のいかんによってではなく,その機能ないし利用目的いかんに対応して財務会計と管理会計とに区別する見解は,今日における支配的な見解であるが,この場合,財務会計は出資者,債権者,国家,一般大衆などの外部の利害関係者に対して報告するための会計すなわち外部報告会計の性格をもつものであるのに対し,管理会計は経営管理者の有効な計画

設定および統制などの内部的必要性に役立つ会計であり，いわば内部報告会計の性格をもつものであると考えられる．このように，財務会計は企業の外部の利害関係者に情報を提供するための会計であり，管理会計は企業内部の経営者に対して情報を提供するための会計であるということができる[4]．

4．財務会計の意義

　財務会計は，その目的を達成するために，企業の経済活動の局面，すなわち企業の経済的資源と責務ならびにこれら資源と責務に変動を与える経済活動を測定して，企業の利害関係者に対して意思決定のための基礎資料としての情報を提供するものである．また企業の経済的資源や責務および経済活動の結果は，貨幣によって測定される．なぜならば，貨幣単位は共通の分母を提供し，多くの異質的な財貨および用役を統一的にし，相互に関係づけることができ，それによって企業の経済活動を総合的，全体的に把握することが可能となるからである．

　財務会計情報を企業の利害関係者に提供するための具体的手段としては，財務諸表が一般に用いられる．財務諸表は，企業の全体としての財務状態と経営成績ならびにその他の原因による財政状態の変動を，適正に表示するものである．財務諸表は，主として，企業外部の利害関係者に財務会計情報を伝達するために作成されたものであるが，同時に経営者に対しても，その関心の一つである企業全体の財務状態と経営成績に関する情報を提供するという意味で，その意思決定に役立つものである．すなわち，財務諸表は，企業全体の全体的，総合的特質，すなわちマクロ経済的特質を評価するものに役立つものである．

　以上の観点から，財務会計を定義するとつぎのようになる．宇南山〔2000〕の定義である．

　「財務会計は，企業の利害関係者に対し，その経済的意思決定に役立つ情報を提供するため，企業の経済的資源と責務ならびにそれらに変動を与える経済

活動を貨幣によって測定し，その結果を財務諸表によって継続的，歴史的，全体的に示し伝達する過程であって，会計の一分野である.」

5．関係比率

会計学における関係比率は，ある項目の金額と他の項目の金額との相互関係を示す比率である．これには静態比率と動態比率がある．

① 静態比率

静態比率は，貸借対照表の項目のバランスをみて，企業の支払能力や財務の健全性を判定するために計算される．静態比率には流動比率，当座比率，固定比率，負債比率，自己資本比率などがある．

ⅰ．流動比率

流動負債の返済に充当できる流動資産がどのくらいあるかを比率で示したものである．

$$流動比率（\%）= \frac{流動比率}{流動負債} \times 100$$

ⅱ．当座比率

流動負債の返済に即時に使用できる流動資産がどのくらいあるかを比率で示したものである[5]．

$$当座比率（\%）= \frac{当座資産}{流動負債} \times 100$$

6．企業会計の仕組み

企業会計は企業の経済活動のすべてを記録計算するものではない．企業の資産と負債あるいは資産に影響を及ぼす活動だけを記録計算の対象とする．つまり簿記でいう「取引」が企業会計の対象である．一つの企業で1年間に行われ

る取引は膨大な量となる．当然，取引を効率的かつ体系的に記録する手法が必要となる．その手法として500年以上も前から用いられているのが複式簿記である．

複式簿記では個々の取引が二面的に把握される．たとえば，従業員に給料を現金で支払えば，給料という費用の発生と現金という資産の減少が同一金額で記録される．日々のすべての取引が収益，費用，資産，負債，資本で二面的に把握され決算を迎えれば，収益，費用が損益計算書にまとめられ，資産，負債，資本が貸借対照表に要約される．損益計算書は利益の発生原因を示し，企業の1年間の経営成績を明らかにする．

貸借対照表は期末における企業の財政状態を示すといわれる．企業の利益獲得能力と財政安定性は企業経営にとって車の両輪に相当し，それぞれを示す損益計算書と貸借対照表は，企業に関するデータのうちで最も重要と考えられる．

　　　企業会計とは

　　　　① 取引を認識する
　　　　　　　↓
　　　　② それを収益，費用，資産，負債，資本により二面的に把握する
　　　　　　　↓
　　　　③ 収益，費用を損益計算書にまとめ経営成績を報告する
　　　　　　　↓
　　　　④ 資産，負債，資本を貸借対照表にまとめ財政状態を報告する[6]

7．会計諸則における財務諸表体系

基本的な財務諸表は，損益計算書と貸借対照表であるが，企業に対する利害

第8章 ベンチャー企業,中小企業の会計における基本的考察　119

関係者の多角的な関心にこたえるために,現行の公表会計制度のもとでは,これ以外にもいくつかの計算報告書の作成が要請されている.いま「企業会計原則」と「商法」とにおける財務諸表ないし計算書類の体系を示せば,次のとおりである.

「企業会計原則」における財務諸表
1. 損益計算書
2. 貸借対照表
3. 財務諸表附属明細表
4. 利益処分計算書

「商法」第28条における計算書類
貸借対照表
損益計算書
(営業報告書) 株主総会への提出書類であるが本来の財務諸表ではない
利益処分案
附属明細書[7]

8. 損益計算書の内容

　損益計算書は,企業の目標達成(利益)状況をその発生源泉に基づいて計算,表示する書類であるが,損益計算書には当期業績主義損益計算書と包括主義損益計算書の2種類がある.当期業績主義による損益計算書と包括主義による損益計算書とでは,それにふくまれる損益の範囲ないし内容が異なる.当期業績主義的な損益計算書は,当期に発生または確認された損益のうち,企業の正常収益力を反映する期間損益だけを計上する損益計算書であり,期間的な経営成績の表示を主眼とするものである.

　これに対して,包括主義的な損益計算書は,当期に発生または確認された損益のすべてを計上する損益計算書であって,正常収益力を反映する経常損益の

ほかに，臨時損益や前期損益修正からなる特別損益をもふくむ．したがってそこでの算出利益は，分配可能利益を示すことになる．なお，その場合には，正常収益力を示す経常損益は，区分表示の方法で示されることになる．1974年修正前の「企業会計原則」および「財務諸表規則」は，当期業績主義的な損益計算書をたてまえとしていたが，1974年の修正で包括主義的な損益計算書に改め，今日に至っている．「計算書類規則」は，1963年の制定当初から包括主義的な損益計算書をたてまえとしていた．なお以下のように，現行制度における損益計算書には，当期純利益または当期利益を算出表示したあとに，未処分利益計算書は当期純利益または当期利益の表示までであり，未処分利益計算区分は捕捉的な区分である[8]．

図表8―3において企業会計原則，計算書類規則の損益計算書を比較提示する．

9．会計の機能

会計は経済主体の経済活動を貨幣額で記録測定し，その結果を利害関係者に伝達する手段であるから，会計はまず記録測定と伝達の機能をもっていなければならない．また企業は多くの財産をもっているので，会計はこれを管理する機能を必要とするほか，利潤獲得のための経営管理機能をもたなければならない．一般に会計固有の基本的な機能は測定（measurement）と伝達（communication）であるといわれる．企業経営者が株主からの経営受託責任を遂行するためには，企業の経営成績と財政状態とを利害関係者に報告しなければならないことを考えれば，まずこれらが基本的に必要な機能であることはいうまでもない．主な会計の機能は次のとおりである．

① 記録機能

経済発展の初期において，企業規模も小さく必要な資金も企業所有者が自己資金でまかない，しかも単純な経済活動を行っていた時代には，記憶によるだ

図表8—3　損益計算書（企業会計原則、計算書類規則）

損益計算書（企業会計原則）			損益計算書（計算書類規則）		
Ⅰ．売上高	×××		Ⅰ．売上高	×××	
Ⅱ．売上原価			Ⅱ．営業費用		
			(1)売上原価		
期首商品棚卸高×××			期首商品棚卸高×××		
当期商品仕入高×××			当期商品仕入高×××		
合計　　　×××			合計　　　×××		
期首商品棚卸高×××	×××	(−)	期首商品棚卸高×××	×××	(−)
売上総利益	×××		売上総利益	×××	
Ⅲ．販売費及び一般			(2)販売費及び一般		
管理費	×××	(−)	管理費	×××	(−)
営業利益	×××		営業利益	×××	
（経常損益計算）			（営業外損益の部）		
Ⅳ．営業外収益	×××	(+)	Ⅲ．営業外収益	×××	(+)
Ⅴ．営業外費用	×××	(−)	Ⅳ．営業外費用	×××	(−)
経常利益	×××		経常利益	×××	
（純損益計算）			＜特別損益の部＞		
Ⅵ．特別利益	×××	(+)	Ⅴ．特別利益	×××	(+)
Ⅶ．特別損失	×××	(−)	Ⅵ．特別損失	×××	(−)
税引前当期純利益	×××		税引前当期利益	×××	
法人税、住民税等	×××	(−)	法人税、住民税等	×××	(−)
当期純利益	×××		当期利益	×××	
前期繰越利益	×××	(+)	前期繰越利益	×××	(+)
積立金目的取崩額	×××	(+)	積立金目的取崩額	×××	(+)
中間配当額	×××	(−)	中間配当額	×××	(−)
利益準備金積立額	×××	(−)	利益準備金積立額	×××	(−)
当期未処分利益	×××		当期未処分利益	×××	

出所）蔦村剛雄〔1993：13〕

けでも会計上ほとんど支障はなかった．しかし企業の大規模化，複雑化により会計が必要になり，記録が行われるようになった．記録は会計事実に基づきありのままに行われ，この記録に基づいて測定が行われる．これは記録機能といわれ，会計における第一次的，基本的機能であって，これを前提として会計は行われる．

② 測定機能

測定は，一定のルールに従い財貨および役務をすべて貨幣額に還元し，勘定を通して行われる．これを測定機能という．測定は，財務会計のためか管理会計目的か，だれのための情報であるか等によりその内容が異なってくるので，広い視野に立って行われる必要がある．

③ 伝達機能

測定の結果得た会計情報は，損益計算書，貸借対照表等の財務諸表によって企業の利害関係者に伝達される．利害関係者，特に大衆株主にとっては，これらの財務諸表は企業の収益力や将来の発展能力を知り，これを意思決定の唯一のよりどころとするものであるから，伝達には正確な情報と適時性が要求される．このため商法も証取法も公認会計士による監査を強制している．

④ 財産保全機能

企業の財産は正確な記録によってはじめてその適切な管理を行うことができる．このため経営者は内部牽制制度を活用し，記録と記録および記録と事実とを照合することによって誤記，不正の発生を防止しなければならない．これを財産保全機能という．

⑤ 経営管理機能

企業は利潤の獲得を目的として経営活動を行っている．このため，会計記録に基づき利益管理，原価管理あるいは資金管理，その他予算統制や経営分析，経営比較等のほか，多くの効果的な手法を用いて会計的管理を行っている．これを経営管理機能という．[9]

10. 財務諸表分析の必要性

企業の大規模化に伴い企業の利害関係者が増大し，企業の財政状況や収益性に関心を有する人たちが急速にふえつつある．経営者はその経営責任を果たすために，このまとめとしての財務諸表を理解し，また，企業をより発展させよ

第8章 ベンチャー企業，中小企業の会計における基本的考察　123

うとするため財務諸表から得られる情報を分析し，経営方針をたて，経営計画をそれに沿って実行することに努力を払っている．債権者は自己の債権が保全されているかどうか，企業が支払能力を失うことがないかどうかに注目し，投資家たる株主は企業の収益率があがって投資額に見合う利潤の分配が得られることを期待し，労働組合は企業が従業員の給与，作業条件，作業環境の改善に資する能力があるかどうかを財務状況の判断をすることによって検討する．また国家や地方自治体は安定した財政収入をうるために企業の課税負担能力を調査することとしている．これらの経営者をもふくめた利害関係者は企業の財務諸表から得られる情報を自己の判断に役立たせている現状である[10]．

◆ おわりに ◆◆◆◆◆◆◆◆◆◆◆◆◆◆◆◆◆◆

　本章において財務会計の基本を検討した．財務諸表分析の体系としては，安全性，収益性，付加価値の3点が重要視される．特にベンチャー企業，中小企業の経営に必要とされる財務諸表の構成，会計基準，貸借対照表，損益計算書を取り上げた．企業を経営していても簿記会計を理解している経営者が少ないのは，羅針盤なしの航海と同じである．財務諸表を経営者は活用し，企業発展に努めなければならない．またステークホルダーに対しての情報開示は，経営の基本となってきている．コンプライアンスの遵守とのかねあいからも，ぜひ財務諸表分析の必要性を認識してもらいたいと考える．今後の課題としては，企業経営分析の研究ならびにファイナンスの研究に取り組みたいと考える．

注）
1）太田哲三・新井益太郎〔1982〕『新会計学原論』同文舘　p.15
　「企業会計原則」の趣旨を一層明らかに示すものとしての各種の意見書が公表されていることも注意すべきである．
2）同上書　p.15
3）同上書　p.16
4）宇南山英夫〔2000〕『現代財務会計論』東京経済情報出版　p.6

5）新井清光〔1991〕『現代会計学』中央経済社　pp.240-244
6）須田一幸・佐藤文雄〔1996〕『現代会計学入門』白桃書房　p.3
7）嶌村剛雄『財務諸表論精説』〔1993〕財務経理協会　p.11
8）同上書　pp.12-13
9）林順一『会計学通論』〔1982〕国元書房　p.7
10）太田哲三・新井益太郎〔1982〕『新会計学原論』同文舘　pp.203-204

参考文献）

野澤孝之助〔1973〕『財務諸表要論』中央経済社
太田哲三・新井益太郎〔1982〕『新会計学原論』同文舘
林順一〔1982〕『会計学通論』国元書房
清水龍蛍〔1986〕『中堅・中小企業成長論』千倉書房
新井清光〔1991〕『現代会計学』中央経済社
嶌村剛雄〔1993〕『財務諸表論精説』税務経理協会
須田一幸・佐藤文雄〔1996〕『現代会計学入門』白桃書房
中村忠〔1997〕『財務会計論』白桃書房
中央監査法人広島事務所〔1998〕『ベンチャー企業の資金繰り実務』中央経済社
宇南山英夫〔2000〕『現代財務会計論』東京経済情報出版
武田隆三〔2002〕『財務諸表論』中央経済社

第9章

ベンチャー企業，中小企業が必要とする財務会計

――財務会計――

◆ はじめに

　ベンチャー企業，中小企業は会社のメリットを追求するなかで，資金調達能力，財務体質の強化，企業信用度，ブランド力が問われてくる．ビジョン設定において IPO（Initial Public Offering：株式公開）を目指した場合，これまでの株主以外の多くの一般株主が参加する．このことは企業が情報開示をしなければならないということである．よってすべての財務諸表が審査されることとなる．ベンチャー企業，中小企業は，急成長の途中にあり，完全な財務諸表がととのっていないこともあり得る．

　企業はビジョンと経営計画により，永続的な成長をしなければならない．企業は社会の一員として収益をあげ，税金の形で社会に貢献する．永続的に成長するためにも経営資源である人，物，カネ，情報が必要不可欠である．そのなかでもカネ，いわゆる資金がなければ起業，運営ができない．安定成長するためには中期経営計画が必要とされる．中期経営計画は企業によってもちがうが，ほぼ1～5年単位で策定される．中期経営計画と利益計画については，中央監査法人〔1998〕が構成要素としてⅠ．経営理念，企業目標 ① 経営理念，② 企業目標（ⅰ．研究開発部門方針，ⅱ．購買部門方針，ⅲ．生産部門方針），③ 経営方

針，④部門別方針（ⅰ．営業部門方針，ⅱ．人事部門方針，ⅲ．その他部門方針），Ⅱ．経営環境の分析，状況，予測．①経営外部環境（ⅰ．国際経済，ⅱ．国内経済，ⅲ．業界動向と予測，ⅳ．技術予測，ⅴ．法規制，消費者ニーズ等），②経営内部環境（ⅰ．営業部門，ⅱ．生産部門，ⅲ．購買部門，ⅳ．研究開発部門，ⅴ．経営組織，ⅵ．利益，ⅶ．資金），Ⅲ．利益計画，①販売計画，②生産計画，③購買計画，④経費計画，⑤設備投資計画，⑥要員計画，⑦資金計画を挙げている．経営を計画的に行う場合，利益計画が経営計画の中核に位置づけられる．

中央監査法人によると，利益計画は，企業経営を計画的に行う場合には常に必要となり，また企業が設備投資を行う場合には，さらに重要なものになる．企業経営にとり，設備投資の失敗は倒産に結びつく可能性がある．設備投資を一度行うと，多額の資金が長期にわたり固定化してしまう．また，設備投資により，その設備にかかわる費用も長期にわたり固定的に発生する．これは企業会計上の減価償却により，回収される．

本章においては，ベンチャー企業，中小企業の基本的な財務会計を中心に展開したいと考える．

1．ベンチャー企業，中小企業の財務

ベンチャー企業，中小企業の財務評価をする場合，財務諸表を分析することによって，今日に至る財務状況の把握がかなりできるが，企業の今後については，非財務面等を併せ検討しないと十分な理解ができない．財務評価は，安定性，収益性，成長性のポイントから主に分析評価される．安定性の中心点として，自己資本，借入依存度，経常資金収支，固定比率等の観点から考察される．自己資本比率は，ベンチャー企業，中小企業においてのウィークポイントである．自己資金の厚みによる企業としての安定性は，他人資本を会社に導入する場合においても有利な条件となる．

また固定比率の状況をみることによって，返済の必要性のある他人資本の状

図表9—1　流動比率と当座比率

$$流動比率（\%）=\frac{流動資産}{流動負債} \qquad 当座比率（\%）=\frac{当座資産}{流動負債}$$

$$当座資産＝流動資産－棚卸資産$$
$$＝現金，預金，有価証券$$
$$金銭債権$$

出所）田中〔1997：152〕

況をみること，また固定長期適合率をみて，他人資本であっても長期資本として経営に与える影響力を検討する[1]．図表9—1にて流動比率，当座比率を提示する．

　ベンチャー企業は安定性に劣ることが多いが，収益性，成長性においてすぐれた体質であることが当然の資格要件となる．ここでよく採用される指標は，売上高経常利益率および資本に対する利益率指標である[2]．

2．財務管理の意義

　財務管理とは，企業資本の流れのマネジメントである．企業資本については，一つには価値の所有形態から，もう一つは価値の機能形態からみることができる．前者は資本の調達源泉から考察した場合に出てくる問題であり，後者は資産と呼ばれ，企業の活動を支えるため諸種の資産へと価値が変えられている形態，状況を示している．このように，企業資本の2側面を表しているのが，資本と資産であり，両者を貨幣価値で表した総額は常に等しい．これを表の形にしたものが貸借対照表で，左側（借方）に資産，右側（貸方）に資本を掲げている．

　企業活動全体を資金の流れとして捉え，それを貨幣価値，価値計数によって

マネジメントを行うのが財務管理であるとする解釈が,広義の財務管理の解釈である[3].企業全体を貫いて流れる資金(cash flow)を図表9—2にて提示する.

図の上部には企業の所有者(株主)や債権者(金融機関,社債権者など)から資金が断続的に流入する.反対に左上からは,金利,法人税,配当の支払,負債の元本返済,証券の償還などのために資金が流出する.これら資金の流出入以外に,流出先のほうでは,固定資産,棚卸資産などへの投資があり,流入源としては製品,商品の現金売り代金,売掛け代金などがある.広義の財務管理とは,こうした企業全体を貫流する資金のマネジメントをいう.そしてその活動目標は企業の収益性向上である.

一方,財務管理を狭義に理解すると,それは企業財務活動のうちで現金の出納および保管という,日常反復的に現場で行われる業務,およびそれに関連する付随的業務のマネジメントの意味になる.キャッシュマネジメントとも呼ばれるこの活動では,現金収支の時間的,金額適合,いわゆる資金繰りが関心事となる.つまり財務流動性の維持が目標となる[4].

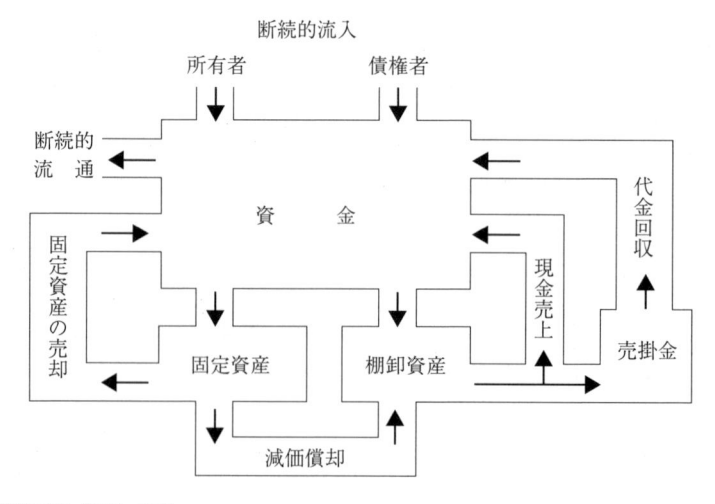

図表9—2　企業におけるキャッシュフロー

出所)松村司叙〔1991:188〕

アメリカから近年，キャッシュフロー経営の概念が入り，日本においてもキャッシュフロー経営を推進する企業が多くなってきている．このキャッシュフローについては後の項で取り上げる．

3．財務会計の目的

宇南山〔2000〕によると，財務会計の目的は，財務会計の発展方向を規定し，また財務会計の範囲を決定する．したがって，財務会計の本質は，財務会計の目的との関連において明らかにされなければならない．財務会計においては，企業の経済的資源，経済的責務，およびそれらの変動のすべてが測定され伝達されるわけではない．これには2つの主な理由がある．その第一は，情報の利用者が，すべてについてあらゆる情報を必要とするものでないからであり，第二には，情報を伝達するものが，すべてのものを測定し伝達する能力または手段をもっていないからである．そこで，測定し伝達すべき情報の選択がなされなければならないが，その選択は目的によって規定されるのである．したがって，財務会計の目的は，何が測定されるか，いかに測定されるか，そして測定された資料はいかに伝達されるか，を決定するにあたってきわめて重要な要素である．財務会計の目的は，基本目的，一般目的，質的目的の3つから構成されており，一般目的と質的目的とは，基本的目的を満足させる助けとなるものである．

① 基本的目的

財務会計の基本的目的は，財務諸表の利用者（特に所有者と債権者）が，経済的意思決定を行ううえに有用な，企業に関する計数的財務情報を提供することである．財務会計は，この基本的目的のほかに，財務会計情報の適切な内容を決定する一般的目的と，財務会計情報を有効ならしめる特性を指摘する質的目的を有するものである．これらの財務会計の目的を理解することは，一般に認められた会計原則を評価し改善するうえにきわめて重要である．すなわち，一

般的目的は，財務会計情報の内容を利用者の利害と要求とに結びつけるものであり，したがって，財務会計情報の内容がそれらの利害と要求にどれだけ役立つかを確定することによって，情報内容の評価が可能になる．また，質的目的は，有用な情報の特質を提示し，したがって財務会計情報の有用性を評定するための基準を提供する．

② **一般的目的**

財務会計において，何が報告されるべきかを指示する一般的目的として，宇南山は以下について述べた．

ⅰ．企業の経済的資源と責務に関する信頼しうる財務情報を提供すること．

ⅱ．企業の利益獲得活動から生ずる企業の純資源（資源マイナス責務）の変動に関する信頼しうる情報を提供すること．

ⅲ．企業の潜在収益力を見積もるのに役立つ財務情報を提供すること．

ⅳ．経済的資源と責務の変動に関するその他の必要情報を提供すること．

ⅴ．財務諸表利用者の必要に適合したもので，財務諸表に関するその他の情報を可能なかぎり公開すること．

③ **質的目的**

財務会計の質的目的とは，財務情報を有用なものたらしめるために，財務会計情報が備えることがのぞましい特質を意味する．すなわち，これらの特質を有する情報を提供することが財務会計の目的なのである．そのような質的目的としては，以下のようなものがある．

ⅰ．目的適合性（Relevance）

適切な財務会計情報は，それが利用される経済的意思決定に関連をもつものでなければならないという特性である．

ⅱ．理解可能性（Understandability）

理解しやすい財務会計情報とは，情報利用者によって理解されうるものである．

ⅲ．検証可能性（Verifiability）

検証可能な財務情報は,それぞれ独立した測定者が同じ測定方法を用いて測定したならば,実質的には同じ結果を示すものである.

iv. 中立性(Neutrality)

中立的な財務会計情報とは,利用者の共通の要求に指向したものであって,特定の利用者の特定の要求や要望を策定したものとは無関係である.

v. 適時性(Timeliness)

適時な財務会計情報とは,それが影響を及ぼすにちがいない経済的意思決定のために用いることができるようにすることである.

vi. 比較可能性(Comparability)

比較可能な財務会計情報とは,一企業の機関相互間,または企業相互間,およびそれらの取引相互間における基本的な類似性と異質性から生ずる共通点と相違点をしめした.

vii. 完全性(Completeness)

安全な財務会計とは,報告されるべき資料で,しかも目的適合性,理解可能性,検証可能性,中立性,適時性,および比較可能性という質的目的を合理的に充足させるような財務会計資料のすべてを含んだものである.[5]

4.財務会計と管理会計について

林〔1982〕によると,企業会計は,その機能あるいは報告対象を基準として財務会計(financial accounting)と管理会計(management accounting, managerial accounting)の2つの領域に区分することができる.

① 財務会計

企業の経営者は,その受託責任をどのように行使したかを明らかにするため,一定期間の経営成績と一定時点における財政状態を貸借対照表および損益計算書等の財務諸表(financial statements)によって,株主,債権者その他外部の利害関係者に対して定期的に報告を行う.このための会計を財務会計

という.これらの外部利害関係者にとって財務諸表は,企業の状況を知り必要な意思決定を行うための重要な情報となるものであるため,商法および証券取引法はその作成と公表に関して数々の規制を行っており,一般に「企業会計」といわれる場合は「財務会計」を指していることが多い.

② 管理会計

企業規模の拡大と経営活動の複雑化に伴い,会計は財務諸表を作成するばかりでなく経営管理に役立つ資料を提供するためにも利用されるようになった.これが管理会計である.つまり財務会計が外部利害関係者への外部報告会計であるのに対し,管理会計は最高経営者をはじめ経営の各層管理者への内部報告会計であるが,特定の計算制度ないし計算方法を指すものではない.したがって,財務会計のように法律の適用もなく,その計算は定期的に行われるばかりでなく,随時必要に応じて行われる.また管理会計は任意な計算であるから,経営管理に役立つ限り全体的な計算も部分的な計算も行われるし,内部計算のほか外部取引も計算の対象とされる.このように管理会計は資料計算であって,いかなる計算を行うかはまったく企業の自由であるが,その体系としては次の数々な考えかたがあり,情報はますます複雑,多様化してきている.

5. 会計学と簿記学

会計学と簿記学とは,もともと同一の対象についての学問であって,これらを明確に区別することはかなり困難な場合があるが,これらの学問については3つの考え方がある.

① 会計学と簿記学とはもともと内容的には同一のものであって,単に程度の差に過ぎないとし,初等会計学が簿記学であり,高等簿記学を会計学とする考え方である.

② 会計学が企業の計算に関する理論を対象とするのに対し,簿記学はその

記帳技術を取り扱うとするもの．しかし簿記学でも貸借理論や勘定理論が扱われ，会計学にも財務諸表の形式論のような技術論があり，両者を明確に区分することは困難である．

③ 会計学が評価論を中心とするのに対し，簿記学は評価論を取り扱わないとする説である．しかしながら簿記学でも決算はかなり評価の問題が取り入れられている．

このように，いずれの説もそれぞれ一面の真理をもってはいるが，なかでも第2説が最も妥当なものでないかと思われる[6]．

6．財務情報分析の論点

企業の資金が主に固定資産に投資される業種では収益性が高く，リスクは大きいが，流通業では収益率が低く，リスクは小さくなる．流通業のなかでも相対的に収益率が高く，リスクが小さい企業もある．収益性と財務流動性とはトレード・オフの関係にあり，収益性のみを追求すれば流動性を失い，支払不能に陥り企業倒産を招きかねない．また，逆に流動性のみを求めれば収益性を無視することになり，資本の生産性は低下してしまう．

次に総資本利益率と自己資本利益率との関係を，利子率や税率そして財務レバレッジなどを考慮した総資本利益率から自己資本利益率を求める計算式にまとめる[7]．

上間〔1993〕は，企業の財務諸表のデータは過去から現在までの営業成績と財務状態を表示している．このデータの基礎が企業の将来の収益性を予測することに役立ち，予測には財務情報分析が不可欠である．財務情報分析は将来の財政状態を描き出すことができ，企業行動に影響を与える経営計画の基礎資料を提供するからである．財務情報分析のなかでも，基本的な分析手法が比率分析である．それぞれの財務比率は，財務諸表の個々の勘定科目間での関連性を示している．たとえば，総資産と各種の利益との関連性，総資産と負債や資

本，負債と支払利息，そして流動性資産と流動性負債との関係などが比率分析で明らかになる．財務情報分析は当企業の各種の比率間の関係を分析したり，時系列分析の後，同業種の他の企業との比較分析が必要となると述べた．

7．総資本利益率と自己資本利益率と財務レバレッジ

総資本利益率と自己資本利益率との関係を，原価などの費用要素は一定と仮定し，利子率や税率そして財務レバレッジなどを考慮した総資本利益率と自己資本利益率までの関連の理解を深め，自己資本利益率を求める計算式にまとめる．説明を容易にするために，貸借対照表や損益計算書の主要な項目の基礎的な関係を文字式で表す．収益（$R = A \times r$）は利息額（$I = D \times i$）と法人税額（T

図表9－3　貸借対照表と損益計算書の式

貸借対照表

A：資産	D：負債
	E：資本

損益計算書

$R = A \times r$　収益	$I = D \times i$	：支払利息
	$T = (R - I) \times t$	：法人税
	$S = E \times e$	：配当金

e：自己資本利益率　　　　r：総資産利益率（利子支払前，税引後）
i：利子率　　　　　　　　t：法人税とする。
$R = I + T + S$
$A \times r = D \times i + (R - I) \times t + E \times e$
$E \times e = (A \times r - D \times i) - (R - I) \times t$
$E \times e = (A \times r - D \times i) - (A \times r - D \times i) \times t$
$E \times e = (A \times r - D \times i) \times (1 - t)$

$$e = \frac{(E \times r + D \times r)}{E} \times (1 - t)$$

$$e = \left\{ (r + (r - i)\frac{D}{E} \right\} \times (1 - t)$$

出所）上間〔1993：66〕

図表9—4　総資本利益率と自己資本利益率と財務レバッジ（利子率，税率を考慮した）の関係

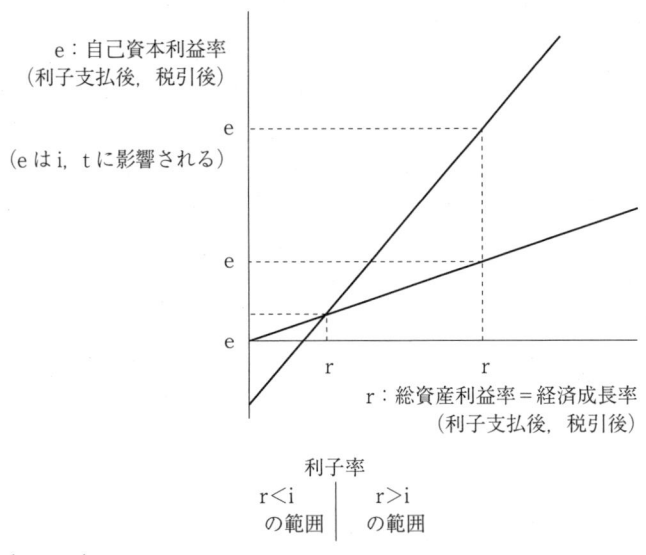

（グラフ：縦軸 e：自己資本利益率（利子支払後，税引後）（e は i, t に影響される），横軸 r：総資産利益率＝経済成長率（利子支払後，税引後），利子率 r<i の範囲／r>i の範囲）

出所）上間〔1993：65〕

＝（R－I）×t）と配当（S＝E×e）からなり，利益はすべて配当されるものと仮定する．

8．キャッシュフロー計算書

　武田〔2002〕は，キャッシュフロー計算書（Cash Flow Statement：C/F）を「一会計期間におけるキャッシュフローの状況を一定の活動区分別に表示するものであり，貸借対照表および損益計算書と同様に企業活動全体を対象とする重要な情報を提供するもの」と定義した．企業活動は何らかの形での資金の変動を伴うものであるから，企業活動の状況を，①営業活動，②投資活動，③財務活動という3領域に区別し，そこでのキャッシュフローの状況から，企業活動の全般の動きを捕捉しようとするところにキャッシュフロー計算書の課題がある．

図表9−5　キャッシュフロー計算書の4形態

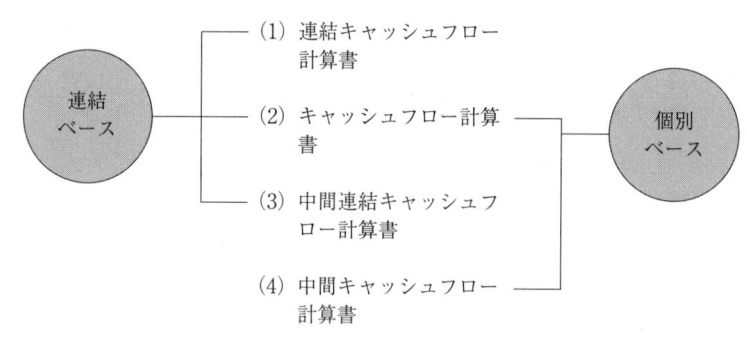

```
                ┌── (1) 連結キャッシュフロー
                │       計算書
   ┌─────┐     │                                    ┌─────┐
   │ 連結 │────┼── (2) キャッシュフロー計算─────────│ 個別 │
   │ベース│    │       書                           │ベース│
   └─────┘     │                                    └─────┘
                ├── (3) 中間連結キャッシュフ
                │       ロー計算書
                │
                └── (4) 中間キャッシュフロー────
                        計算書
```

出所）武田〔2002：714〕

　資金情報は，従来，財務諸表外の情報として位置づけられてきた．しかし，平成10年3月に企業会計審議会から公表された「連結キャッシュフロー計算書等の作成基準」においてはキャッシュフロー計算書を財務諸表の一つとして位置づけることにした．

　証券取引上の定期開示制度では，個別の財務諸表とともに，1事業年度ごとに連結財務諸表が，また半期ごとに中間連結財務諸表が公表されてきた．キャッシュフロー計算書は図表9−5で提示するような体系として，制度化された．公認会計士の監査対象とされる．

　さらに武田〔2002〕は，図表9−5の4つの計算書を統括してキャッシュフロー計算書と呼んでいる．キャッシュフロー計算書が第3の財務諸表として位置づけられるのは，取引という一つの事実を一方の側面からみるとキャッシュフローとなり，他の面からみると収益，費用となるように，キャッシュフローと収益，費用とは表裏の関係に立つ重要なかかわり合いをもつものである．図表9−6において3つの公表財務諸表の成立過程を提示する．

第9章 ベンチャー企業，中小企業が必要とする財務会計　137

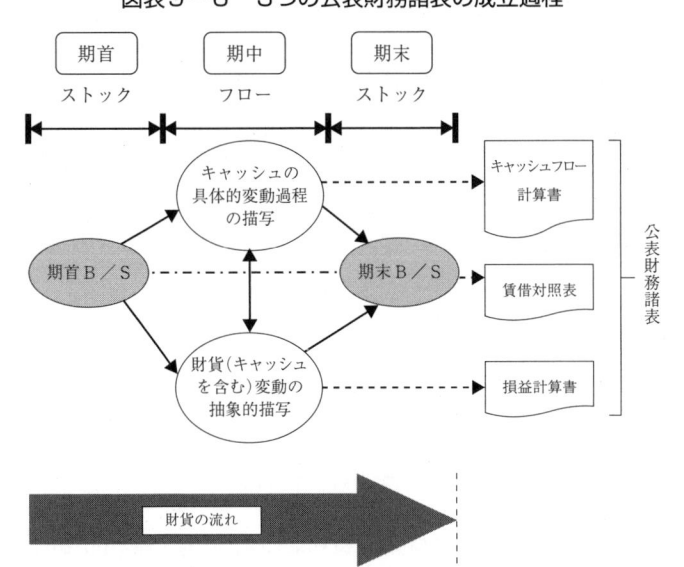

図表9－6　3つの公表財務諸表の成立過程

```
     期首        期中        期末
    ストック     フロー     ストック
```

（図：期首B/S →「キャッシュの具体的変動過程の描写」および「財貨（キャッシュを含む）変動の抽象的描写」→ 期末B/S。右側に、キャッシュフロー計算書、貸借対照表、損益計算書が「公表財務諸表」としてまとめられている。下部に「財貨の流れ」を示す矢印。）

出所）武田〔2002：717〕

◆ おわりに

　ベンチャー企業，中小企業がシード期，スタートアップ期に，一番必要とするものは，資金である．この資金が解決すれば，企業は必ず成功の道に乗れると考えられる．この資金には株主に帰属する自己資金と株主以外に帰属する他人資本とに分けられる．企業のなかで自己資本と呼ばれているものは，株式資本，当期利益，資本剰余金，利益剰余金があり，他人資本と呼ばれているものは，社債，長期借入，短期借入，支払手形，買掛金である．ベンチャー企業，中小企業がこれらの資金を獲得することは，容易ではない．初期段階では，自己資金，エンジェルにたより，つぎの段階でベンチャーキャピタルおよびファンド，投資事業組合，さらに中小企業投資育成会社の投資を活用するようになる．

シード期，スタートアップ期では，経理会計の帳票でさえ，整理ができない時期をすごしてしまいがちである．この段階では，おもに税理士に依存することが多く，会社の仕組みさえ整っていない．それが急成長し，自己資金にゆとりがでてはじめて，財務会計ができるのが現実である．よって１～３年でIPOするベンチャー企業は，証券会社，ベンチャーキャピタル，経営コンサルタントをシード期より，取り込んでいることが重要である．そして経営陣は，営業，製品開発とともに財務会計に力をいれるべきと考える．

注）
1）田中譲〔1997〕『ベンチャービジネスのファイナンス』きんざい　pp. 150-152
2）同上書　pp. 150-152
3）村松司叙〔1991〕『現代経営学総論』中央経済社　p. 187
4）同上書　p. 188
5）宇南山英夫〔2000〕『現代財務会計論』東京経済情報出版　pp. 16-18
6）林順一〔1982〕『会計学通論』国元書房　p. 10
7）上間隆則〔1993〕『経営学要論』中央経済社　p. 61

参考文献）
太田哲三・新田益太郎〔1966〕『新会計通論』中央経済社
野澤孝之助〔1973〕『財務諸表要論』中央経済社
坂本藤良〔1979〕『現代経営学の意識と行動』日本総合教育機構
林順一〔1982〕『会計学通論』国元書房
太田哲三・新井益太郎〔1982〕『新会計学原理』同文館
矢吹輝男〔1988〕『経営学と会計情報』白桃書房
村松司叙〔1991〕『現代経営学総論』中央経済社
上間隆則〔1993〕『経営学要論』中央経済社
久田友彦〔1997〕『中小企業財務の見方超入門』銀行研修社
田中譲〔1997〕『ベンチャービジネスのファイナンス』きんざい
中小企業庁〔1998〕『中小企業の経営指標』同友館
宇南山英夫〔2000〕『現代財務会計論』東京経済情報出版

第10章
ベンチャー企業成長に必要不可欠な決算書による財務分析

◆ はじめに

　アントレプレナー，イントラプレナーによって起業されたベンチャー企業，創業者に率いられた中小企業は，営業には力を入れるが，財務に力を入れるのが遅い傾向にある．

　企業がシード期そしてグロース期に達するには厳密な財務経営が必要となる．そのコアとなるのが決算書による財務分析である．決算書には企業の多くの情報が詰まっており，それを分析することにより，優良な箇所，劣悪な箇所が発見できる．

　よって本章においては，アントレプレナー等における不足知識を補う観点から，経営分析の各種方法の公式と考え方を提示した．

1．決算書による経営分析

　ベンチャー企業，中小企業，他の企業は商法に従って決算書を作成する必要がある．決算書は計算書類と呼ばれている．決算書を構成するものとして，貸借対照表(B/S：Balance Sheet)，損益計算書(P/L：Profit and Loss statement)，利益

処分案，付属明細書，営業報告書の5つがある．中心をなすのが貸借対照表と損益計算書である．貸借対照表は貸方と借方を対照した表で，右側と左側の金額が一致しなければならない．右側の資金の源泉は負債と資本に分けられ，負債には流動負債と固定負債があり，資本には資本金，利益準備金，余剰金がある．流動負債には支払手形，買掛金，未払金，短期借入金，賞与引当金，納税引当金がある．固定負債には長期貸入金，退職給与引当金がある．資産には流動資産と固定資産がある．流動資産には現金および預金，受取手形，売掛金，有価証券，製品などがあり，固定資産には有形固定資産，無形固定資産，投資等がある．有形固定資産には建物，構築物，機械装置，車輛運搬具，工具器具備品，土地等がある．

貸借対照表の現金，売掛金，製品，建物等を勘定科目という．勘定科目はルールに従って記載されている．それは貸借対照表の中の流動資産，固定資産，繰延資産，流動負債，固定負債，負債合計，資本合計である．

ベンチャー企業，中小企業，大企業すべてにとって経営成績がわかるものに損益計算書がある．損益計算書（P/L：Profit and Loss statement）は大きく2つに分けられる．経常損益の部と特別損益の部である．

経常損益の部には売上高，売上原価，売上総利益，営業外収益，営業外費用があり，特別損益の部においては，特別利益，特別損失，税引前当期利益，法人税等，当期利益などがある．

損益計算書は会社の利益をわかり易くしたものである．中心点は売上高総利益率，売上高経常利益率，売上高当期利益率である．その計算式を以下へ提示する．

$$売上高総利益率（\%）= \frac{売上総利益}{売上高} \times 100$$

$$売上高経常利益率（\%）= \frac{経常利益}{売上高} \times 100$$

第10章　ベンチャー企業成長に必要不可欠な決算書による財務分析　141

$$売上高当期利益率（\%）= \frac{当期利益}{売上高} \times 100$$

2．ベンチャー企業，中小企業，大企業の経営分析

　経営分析には収益性分析，安全性分析，成長性分析の3つがある．さらに細分化した分析では，損益分析，付加価値分析，回転効率分析などがある．図表10－1を参照されたい．

図表10－1　企業の経営分析マトリックス

```
                           │
   ┌──────┐    ┌──────┐     │
   │分析結果│◄───│経営分析│◄────┤
   └──────┘    └──────┘     │   ┌──────────┐
                   ▲  ▲      ├───│ 収益性分析 │
                   │  │      │   └──────────┘
                   │  │      │
  ─────────────────┼──┼──────┼──────────────
                   │  │      │
              ┌────┘  └────┐ │
         ┌──────────┐ ┌──────────┐
         │ 安全性分析│ │ 成長性分析│
         └──────────┘ └──────────┘
                           │
```

出所）筆者作成

　ベンチャー企業，中小企業，大企業は同じ決算方法をとる．そして各企業形態ともに成長性を確認することが重要点となってくる．成長しているか，していないかは比率をみることによって理解できる．それは増収率，減収率，経常増益率，経常減益率を駆使することによって明らかになる．計算式は以下となる．

$$増収率（\%）=\left(\frac{当年売上高}{前年売上高}-1\right)\times 100$$

$$経常増益率（\%）=\left(\frac{当年経常利益}{前年形状利益}-1\right)\times 100$$

$$自己資本増加率（\%）=\left(\frac{当年自己資本}{前年自己資本}-1\right)\times 100$$

3．財務諸表の分析

　財務諸表分析には2つの方法がある．それは実数法と比率法である．実数法は，財務諸表上の数値をそのまま用いて分析する方法である．比率法は，財務諸表上の数値について相互関連を分析する方法である[1]．

　ベンチャー企業，中小企業では実数法は良く使用するが，比率法はあまり使用されていない．起業したばかりの企業では，税理士に任せきりで経営分析まで手が回っていない状態である．しかし，起業し10年後，20年後まで企業を維持発展させるためには，財務分析は必要不可欠である．

　新井〔1991〕の関係比率の分析によると静態比率，動態比率に分けて考える．静態比率は企業の支払能力や財務の健全性を判定するために計算される．静態比率には流動比率，当座比率，固定比率，負債比率，自己資本比率がある．各比率の計算式は以下へ提示する．

（1）静態比率
① 流動比率
　企業の短期的な支払能力を見る場合に使用する．

$$流動比率(\%) = \frac{流動比率}{流動負債} \times 100$$

この比率は200％以上が理想値である．

② 当座比率

企業の流動資産（当座資金）がどのくらいあるかを見る場合に使用する．

$$当座比率(\%) = \frac{当座資産}{流動負債} \times 100$$

この比率は100％以上が理想値である．

③ 固定比率

財務の健全性を判断する指標である．

$$固定比率(\%) = \frac{自己資本}{固定資産} \times 100$$

この比率は100％以上が理想値である．

④ 負債比率

負債と自己資本とのバランスを見るための指標である．

$$負債比率(\%) = \frac{自己資本}{負債} \times 100$$

$$自己資本比率(\%) = \frac{資本}{資本＋負債} \times 100$$

（2）動態比率

① 資本利益率

企業の資本に対する利益の割合を示す指標である．

$$総資本利益率(\%) = \frac{純利益}{総資本} \times 100$$

$$自己資本利益率(\%) = \frac{純利益}{自己資本} \times 100$$

総資本利益率は，企業が用いる資本全体の効率や収益性を判断する総合指標

である．

自己資本利益率は以下のように売上高利益率と資本回転率に分けられる．

$$\frac{純利益}{資本} = \frac{純利益}{売上高} = \frac{売上高}{資本}$$

(資本利益率) = (売上高利益率) × (資本回転率)

② 売上高利益率

売上高に対する利益の割合の指標である．

$$売上高総利益率（\%） = \frac{売上総利益}{売上高} \times 100$$

$$売上高営業利益率（\%） = \frac{営業利益}{売上高} \times 100$$

$$売上高経常利益率（\%） = \frac{経常利益}{売上高} \times 100$$

$$売上高純利益率（\%） = \frac{純利益}{売上高} \times 100$$

売上高総利益率は粗利益率といわれる．

売価の決定が適正であるかどうかの判断に用いられる．

売上高営業利益率は営業活動において，どの程度利益を上げているかを示すものである．

売上高経常利益率は，営業損益に営業外損益を加減した経常利益を分子として収益力を示すものである．

③ 資本回転率

資本に対する売上高の割合である．

$$総資本回転率（回） = \frac{売上高}{総資本}$$

第 10 章　ベンチャー企業成長に必要不可欠な決算書による財務分析　145

$$自己資本回転率（回）= \frac{売上高}{自己資本}$$

$$他人資本回転率（回）= \frac{売上高}{負債}$$

総資本回転率は，総資本の回転数を示す．

自己資本回転率は，売上高に対する自己資本の大きさ．他人資本も同様である．

④ **資産回転率**

　資産と売上高との割合である．

$$商品回転率（回）= \frac{売上原価（または売上高）}{平均商品有高}$$

$$固定資産回転率（回）= \frac{売上高}{固定資産}$$

$$受取勘定回転率（回）= \frac{売上金}{受取手形＋売掛金}$$

商品回転率は，会計期間に何回商品が流れたかを見る．

固定資産回転率は，固定資産の何倍の売上高があったかを見る．

受取勘定回転率は，受け取る代金の回収の速さを見る．

⑤ **売上原価率**

　売上高に対する売上原価の割合である．

$$売上原価率（\%）= \frac{売上原価}{売上高} \times 100$$

売上高のうちの売上原価の割合である．

◆ おわりに

ベンチャー企業，中小企業の経営者で経営分析，すなわち財務分析のできな

い方が多い．また，時間がないため，税理士，公認会計士に頼るケースが多くなっている．しかし，自社の健全な発展のためには，財務分析の基礎を習得する必要があると考える．本章で取り上げた売上高総利益率，売上高経常増益率，売上高当期利益率，増収率，経常増加率，自己資本増加率などの公式は経営スキルとしてもっていただきたい．

今後の研究課題としては，キャッシュ・フロー計算書を取り上げたいと考える．発生主義から現金主義へ移行している企業が多くなっている．キャッシュ・フロー経営まで踏み込んでみたいと考える．

注)......
1) 新井清光〔1991〕『現代会計学』中央経済社　pp.239-255

参考文献)......
野澤孝之助〔1973〕『財務諸表要論』中央経済社
太田哲三・新井益太郎〔1976〕『新会計学通論』中央経済社
林順一〔1982〕『会計学通論』国元書房
太田哲三・新井益太郎〔1982〕『新会計学原理』同文舘
矢吹耀男〔1988〕『経営学と会計情報』白桃書房
柏木重秋〔1989〕『現代商学総論』同文舘
新井清光〔1991〕『現代会計学』中央経済社
宇南山英夫〔2000〕『現代財務会計論』東京経済情報出版

第11章

ベンチャー企業の組織経営

◆ はじめに

　ベンチャー企業，中小企業における組織を考える．アントレプレナー，創業者によってスタートした企業は，段階的に組織を形成していく．経営資源のヒト，モノ，カネ，情報のなかで組織を構成する「人」の確保が第一であり，シード期，スタートアップ期での組織構成活動といえる．そしてアーリーステージ期に入りモノ，カネさらに情報を核とし，階層型のコーポレートガバナンスを展開する．企業の構成量が50名まではトップダウン式で回転していくが，それ以上だと階層型に移行しなければ企業活動に支障がでる．グロース期に入り500名以上になると，各部門別組織が構成されなければならないと考える．
　1980年代より，松下電器産業を中心とした事業部制いわゆる社内会社化が注目を浴び，成長に一役買っていた．しかし，2004年の松下ショックによりこの事業部制の歪みが露呈した．
　本章においては，アメリカ，ドイツ，日本における経営組織の理論構築を中心に組織について掘り下げたいと考える．

1. 組織定義の問題点

　経営組織について語るに当たって，この言葉が経営と組織の合成語であるとみるならば，それぞれの言葉の意味と内容について考えることからわれわれは出発する．経営組織というときには，組織の方により重心が置かれているから，組織のことをはじめに考えてみることとする．組織という表現ができるということは，すでに組織についてのある考えなり，はっきりしないまでも何らかのイメージがあるはずである．それは概念の問題になるが，いくつか示すことによって，組織とは何かの理解を深めることにする．一般にはそのような操作を厳格に定義しようとするのではなくて，組織の意味と内容のあらましを理解することが課題である．

　定義するということには，どんな考えを人がもつか，またその考えの内容はどうかということが，ある一つの言葉に対して書き加えられることである．このときに言葉がある概念となっているといういい方をする．それは，ある言葉の意味が正確になったということである．人の考えている内容を「定義するもの」と呼び，定義するものの相手になる言葉を「定義されるもの」と呼ぶ時に，定義する側が正確であるならば，定義される側と同一であるはずである．どちらを使用しても意味の変化もその喪失もないことになっている．

　たとえば，ある企業で働く人間が企業という組織のなかで，給料をもらっている人であるという意味内容によって決められるとすることができる．この場合に定義されるものによって表示された現実の事象の本質を示さなければならないとするのが一つの理解である．[2]

　組織の定義は，見る点から様々に表現できる．経営組織からみるとコーポレートガバナンスにおけるヒエラルキー (hierarchy) といえる．

2．組織定義の例

斎藤〔1989〕はいくつかの組織定義を挙げている．①オズボーンは個人が集合して共通の目標を追求するときに，この集合したものが組織である．②ウエーバーは，閉ざされた社会的関係もしくはルールによって外部の人の認可を制限する社会的関係かのどちらかであって，指導者，長，管理者（群）などの特別な個人的機能を働かすことにより，その集団の秩序が強化される．この機能は通常では代理権限をもつことになっている．③マインツは複雑で，目的意識的かつ合理的に組み立てられた社会的形象を組織とした．④ヤコフは，組織概念が3つの部類になり，そのどれも企業組織論にとって同時的に使用されるという．i．目標方向づけられた社会的システムもしくは社会−技術的システムとしての組織，ii．そのようなシステムの公式的秩序もしくは構造，iii．活動としての組織などがある．

3．組織とは何か

経営学の領域に置いて広く用いられている「組織」概念は企業ないしは経営組織を特に指示するのではなく，一般概念としての「組織」であるが，これによって特殊組織としての企業を十分に解明することはできないであろう．それは「組織」である限り一般概念が当然にかかわってくるが，しかしそれだけでは「経営組織」にのみみられる特殊性を明らかにすることはできない．また逆に特殊組織としての「経営組織」の解明は，組織一般の理解の基礎の上に捉えることができるものである．

さて「組織」とは，それ自体の目的に向かって2人以上の人々が相互に意志を通じ合いながら推進していく「協働行為」を意味する．したがって目的が明確に存在し，それの実現に向かっての人々の統一された協働の意志が確認され，その人々相互間の意志の交流によって現実に協働が推進されていくとき，

組織は成立する．これがいわゆる「組織の3要素」である．

このような「組織」概念は，C. I. Barnardの定義に発するものであるが，現在ではこの意味での「組織」概念がむしろ広く用いられているものということがいえる．最も，このような組織概念は古くから確立していたわけではない．「組織」の概念が最も重要な基本概念の一つとして意義をもつ経営学の領域に視野を限っても，そこに至るまでには「組織」概念を捉える観点には種々の歴史的な変遷をみることができる．その観点の相違は，組織をその目的とのかかわりで展開される人間の活動，すなわち「職務」の遂行と，その人間が作り上げる相互関係をどのように捉えるかによって生ずるものである．それは概ね次のような変化である．なお，それぞれの組織観の展開には，それに適合する人間観の転換をもち合わせて捉えることができる．

① 目的とのかかわりで分担される仕事そのものの相互関係だけを見て組織を捉える観点．──仕事をその効率的な遂行のためにどのように分け，また仕事間の相互関係をどのように組み立てるかという職能分担の構造の問題を「組織」の問題として捉えるものである．人間を抜きにした「仕事の組織」としての組織観である．仕事の効率的な推進を図る「管理」のための構造としてのみ組織を捉える．非常に狭い観点である．これに対応する人間観は，人間を単なる「仕事をする機械」としてのみ捉え，人間を人間としてみない観点である．

テイラー（Taylor, F. W.）において確立されたいわゆる「伝統的管理論」における組織観である．

② 人間が何らかの社会的相互関係を作り上げる場として組織を捉える観点．──人間が担う仕事（職能），およびそれのかかわるべき目的を抜きにした「人間の組織」としての組織観である．この組織観には「社会的人間」（social man）としての人間観が対応する．他の人間との間に形成する相互関係のあり方によってあらわれる感情の如何によってその行動を決めるのが人間であるとの観点である．このような人間が他の人間との間に形成す

る社会的相互関係の場が，ここでは「社会的システム」として捉えられる「組織」である．そこでは人間のもつ何らかの相互関係そのものが問題なのであり，その相互関係が形成される状況は問題にされることはない．いってみれば，特に明確な目的がないままにあらわれる人間の相互関係（たとえば単なる群衆）であっても，それは「社会的システム」なのであり，「組織」だということになるのである．いわゆる人間関係論における組織観である．

③ それぞれに目的達成に向かうべき仕事を担う人間がその仕事を通じて作り上げた一定の相互関係を「組織」として捉える観点．――この場合の「相互関係」というものは②と比べて異なって「協働」そのものを意味している．

「仕事を通じての人間の組織である．そこでは『協働』に自ら加わる主体的，自律的な人間が想定されている．そうした人間による協働的社会関係」の語によってこの組織観が先の①および②の両観点を統合する新たな観点から行うものであることを知ることができる[3]．

ベンチャー企業，中小企業における組織は小規模集団の果敢に挑戦する仕事関連の人間の集まりといえる．小規模集団の組織は階層を作らないことが重要といえる．次項においては，アメリカの経営組織を検討したいと考える．

4．アメリカの経営組織

アメリカの経営学の発展を考える場合，フランスにおいて1910年代後半にファヨール（Fayol, H.）の「産業ならびに一般の管理」が著されていたことを考えれば，トップマネジメントも含めた全般的管理の理論化あるいはアメリカ経営学の総合化は遅れていたといわねばならない．しかし，戦後になりストーズによるファヨールの著作の英訳版が一般に普及したこともあり，ファヨールの管理論はアメリカ経営学に大きな影響を与えたものである．

アメリカの研究者の代表としては、バーナードが挙げられる。角野信夫の『アメリカ経営組織論』（文眞堂）によると、バーナードは1886年マサチューセッツ州モールデンに生まれた。彼はけっして恵まれた家庭環境に育った訳ではなかったが、当時一世を風靡したハーバード・スペンサーの哲学を論じあうような家庭の中で、勤勉、個人の尊重、自主独立、プラグマティズムといった伝統的なアメリカ精神を育み、哲学と読書好きの青年として育った。彼は、自らの生活費と学費を稼ぐため、ピアノの調律師やあらゆる仕事をしながら1906年ハーバード大学に入学し、経済学を専攻し、タウンシック教授の元で経済学を、ローウェル教授の元で政治学を学んだ。そして1927年にはニュージャージー・ベル電話会社の社長になった。さらにローエル研究所で行った8回の講義をもとにし、1938年『経営者の役割』（*The Functions of the Executive*）を著したのであった。組織を組織目的を達成するための合理的手段、あるいは職務間の公式的な構造（関係）とみなすような管理論的接近法に基づく経営学でなく、まず人間および人間行動を分析し、人間の活動から協働体系という基本的概念を導き出し、このような人間活動の体系から組織とは何かを問い直す社会学的な組織研究といえるものであった。事実、バーナードはこの書を執筆するに当たり、デュルケーム、パレート、テンニース、パーソンズといった社会学者の著作を大いに参照し、ある意味でこの書は「公式組織の社会学」とでも呼べるものであると述べている。

5. ドイツ経営組織論

経営経済学の生成期において、有機体思考をその基本的な観点とする傾向の中から組織理論の研究が登場してきた。[4]

組織理論の発展について、H・レーマンは次のようにいっている。すなわち「ドイツ語圏における組織論の発展を総括的に表現することは、必ずしも容易ではない。と言うのは、組織概念の一般的な使用に係わらず、科学的に一つの

統一的な，明確に限界付けられた対象としての『組織』を研究する統一的かつ完結的な個別科学は存在しないからである」と，あるいは，ホフマンはいう，「組織論の諸傾向と諸概念のもつ多様性は，その体系化を困難にしている」と．そしてハイネンは，そのような多様な組織の諸概念を経営経済学の対象である経営経済あるいは企業との関連の下で，次のような2つの典型的な立場に類型化することができるという．① 経営経済は組織である．② 経営経済は組織をもつとした．①は組織は「目的志向的な社会形成体」あるいは「人間の目的行為でもって，満たされる社会システム」として捉えられる．②の立場は「組織現象を経営経済の部分局面として考慮しようとする試み」である．アメリカ，ドイツにおける組織論の形成を中心に組織理論の基礎を提示した．次項より日本における企業の組織について論じたいと考える．特にベンチャー企業の組織について，コーポレートガバナンスの方向より検討する．

6．具体的な組織構造

① 職能別組織

たった一人でスタートした事業は，その規模が大きくなるにつれて，従業員を雇用するようになる．そして次の段階において，その従業員の数の増加がみられ，従業員集団の形成がみられる．その上なおも従業員集団が拡大していくと，人間の情報処理能力の限界がある以上，管理の限界 (span of control) が存在し，従業員管理のための監督者が必要となる．そしてさらなる拡大が起こると，次には経営層と中間管理層との分化が生じる．

このように組織規模の拡大，そして必要な技術の複雑化により，一人の人間がすべての課業の遂行および情報の処理を行うことは，不可能になる．そうすると，そこには職能の専門化 (購買，生産，財務，研究開発，販売など) による職能別組織 (functional organization) と呼ばれる組織構造が発生してくることになる．

図表11—1　職能別組織の例

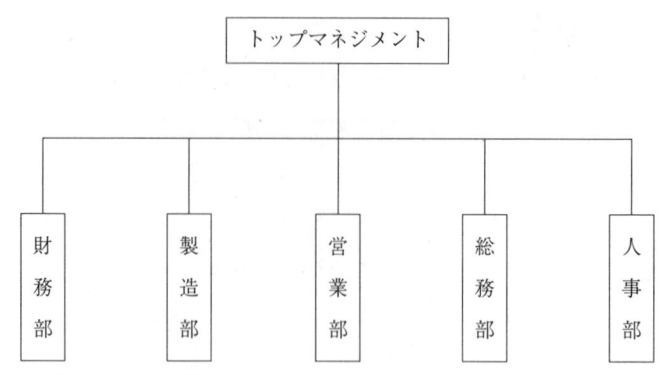

```
          トップマネジメント
     ┌──────┬──────┼──────┬──────┐
   財務部  製造部  営業部  総務部  人事部
```

出所）笹井均・井上正〔1989：38〕

　職能別組織においては，各部門に専門を集中し，トップは各部門間の意思決定の調整を行う．この組織では，資源の集中的な利用が行えるうえ，分権的意思決定のメリットも享受できるという長所をもつ．そこで，企業規模も小さく多角化があまり行われていないような組織，すなわち分権的意思決定のメリットが各部門の意思決定の調整の煩雑さを上回っている間は，この組織構造をとることが組織にとって有利であるとおもわれる[6]．

② **事業部制組織**

　企業は市場のニーズに対応し，製品の多角化を図るにつれ，より分権的意思決定のメリットを享受すべく，職能別組織から事業部制組織 (divisional organization) へと移行するようになる．アメリカの経営史を紐解いてみれば，Dupont や GM (General Motors) などにおいて，1920年代に登場した事業部制組織は，それ以降の企業の多角化の進展に伴い，大規模組織において急速に普及していくことになる．

　日本企業においても多角化と事業部制組織の採択の間には密接な関係があり，多くの大企業でとられている組織構造である．事業部制組織は，製品別，地域別などの基準により部門化され，生産や販売および事業部内の各職能間の意思決定の調整など大半の意思決定は，事業部段階で行われる．そし

第11章　ベンチャー企業の組織経営　155

図表11−2　事業部制組織の例

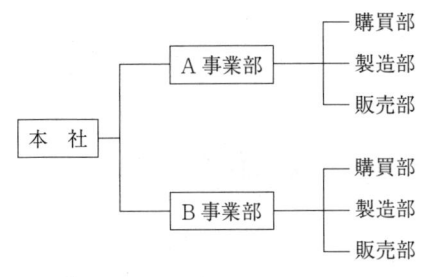

```
            ┌─ 購買部
      ┌ A事業部 ─┼─ 製造部
      │     └─ 販売部
本 社 ─┤
      │     ┌─ 購買部
      └ B事業部 ─┼─ 製造部
            └─ 販売部
```

出所）笹井均・井上正〔1989：40〕

て本社は共通資源の配分に関する意思決定を行い，各事業部をその利益により管理することで会社的な組織目標を達成しようとする組織構造である[7]．

③ **ユトリックス組織**

　1960年代のアメリカ宇宙航空産業において，職能別組織や事業部制組織とは異なった組織構造が登場してきた．その必要性は，当初この産業の組織構造は職能別組織を採用していたが，様々な大規模研究プロジェクトを同時並行して実施していくだけの十分な資源を所有しておらず，そのため職能管理者とプロジェクト管理者の両方をもつ組織構造を作り出すことになったのである．

図表11−3　ユトリックス組織の例

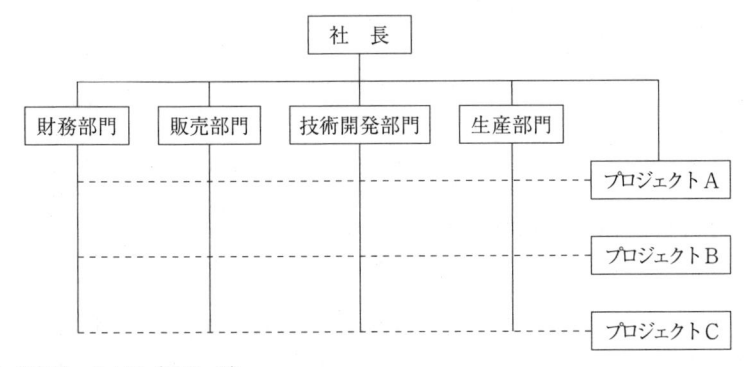

```
                社 長
    ┌─────┬─────┼─────┬─────┐
  財務部門  販売部門  技術開発部門  生産部門
    │     │     │     │     ├── プロジェクトA
    │     │     │     │     │
    │     │     │     │     ├── プロジェクトB
    │     │     │     │     │
    └─────┴─────┴─────┴─────┴── プロジェクトC
```

出所）笹井均・井上正〔1989：41〕

この組織構造は，共通の人的資源を職能別に括ることで，分権的意思決定のメリットを享受し，異なる製品あるいはプロジェクト別に資源を効果的に調達しようとするものである[8]．

7．日本のベンチャー企業の組織

アントレプレナーが起業した段階では，企業運営をするうえで職制が設定しにくい，よってトップダウン式の運営になる．急成長するベンチャー企業では，中途採用が多く，また定着率が悪く組織が作りにくい面がある．しかし，ベンチャー企業が急成長し，50名以上の社員数になった場合は，各部所の長を決定し，その部門を管理させないと運営ができない．この時点で企業の中に階層が発生する．その後は，成長度に合わせてコーポレートガバナンスが必要となってくる．図表11−4にてベンチャー企業の組織成長について提示する．

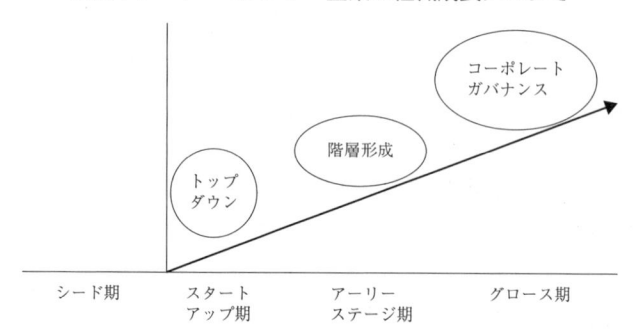

図表11−4　ベンチャー企業の組織成長について

出所）筆者作成

◆ おわりに

ベンチャー企業経営の視点から，今回は経営組織の成り立ち，形成を検討した．急成長を続けるベンチャー企業は，初期段階はトップダウンにて強い意思

決定をもち，企業運営をしなければならない．各ステージにおける経営組織は，それぞれ違っている．

ベンチャー企業経営のコアにあるものは，イノベーションだと考えられる．企業，組織，個人もイノベーションを繰り返すことによって，成長していける．このことを，ケイパビリティという．

組織に対する考え方も，日本，アメリカ，ドイツでは違っている．日本は独自の経営組織を形成し，アメリカ等の良い組織論を導入し続けてきた．しかし，松下電器における事業部制の廃止などイノベーションしていなければ，大規模企業になっても企業存続の危機を迎える．

ベンチャー企業の成長に必要不可欠な組織について今回取り上げたが，今後の課題として多くのベンチャー企業のケーススタディを行い，ベンチャー企業の組織について研究したいと考える．

注）
1）斎藤弘行〔1989〕『経営組織論』中央経済社　pp.1-2
2）同上書　p.2
3）植村省三〔1993〕『日本的経営組織』文眞堂　pp.1-3
4）吉田修〔1976〕『ドイツ経営組織論』森山書店　pp.9-10
5）同上書　pp.9-10
6）笹井均・井上正〔1989〕『組織と情報の経営学』中央経済社　pp.38-39
7）同上書　p.40
8）同上書　p.41

参考文献）
斎藤弘行〔1989〕『経営組織論』中央経済社
植村省三〔1993〕『日本的経営組織』文眞堂
角野信夫〔1997〕『アメリカ経営組織論』文眞堂
吉田修〔1976〕『ドイツ経営組織論』森山書店
笹井均・井上正〔1989〕『組織と情報の経営学』中央経済社
太田肇〔1993〕『プロフェッショナル組織』同文舘
O.E. ウィリアムソン，飯野春樹監訳〔1997〕『現代組織論とバーナード』文眞堂
鈴木秀一〔1993〕『経営文明と組織理論』学文社
野中郁次郎〔1974〕『組織と市場』千倉書房

Porter, L. W and Lawler III, E. E. [1968] *Managerial Attitudes and Performance,* Richard D. Irwin,

Taylor, Setge [1984] *Making Bureaucracies Think : The Environmental Impact Statement Strategy of Administrative Reform,* Stanford, Calif. : Stanford University Press.

第12章

ベンチャー企業の起業成功例1

——オリックスの事業経営戦略と財務——

◆ はじめに ・・・・・・・・・

　オリックスは，イントラプレナーの宮内義彦に率いられ1964年オリエントリースとして大阪に設立された．宮内は日綿実業のリース会社設立構想により，サンフランシスコのU.S.リーシング社に派遣された経験をもとに，まさに企業内起業型であるベンチャー企業を起業した．同年東京支店開設，1970年には大阪証券取引所第2部へIPO，1972年に名古屋証券取引所2部へIPOした．1989年にオリックスへ社名変更，1998年にはニューヨーク証券取引所にIPOした．

1．オリックスの事業戦略

　オリックスは，2006年3月期通期の業績予想として，営業収益8,800億円（前期比4％減），税引前登記純利益1,620億円（前期比5％増），当期純利益960億円（前期比5％増）を見込んでいる．営業収益の減少を見込んでいる主な理由は，フットワークエクスプレスが持分法適用会社となり，同社の運送料収入（2005年3月期は553億円）が営業収益として計上されなくなることを反映したも

のである．利益については，2005年3月期に大幅な増益を達成することができている．オリックスの事業セグメントは9つに分かれている．各セグメントの位置づけは「安定的な利益基盤」「成長性のある事業分野」「新たな成長を図るための"次の一手"」と3つに分けられる．① 安定的な利益基盤についてはオリックスが展開する事業のうち，国内の「法人金融サービス事業部門」「レンタル事業部門」「生命保険事業部門」，海外の「アジア・太洋州，欧州」はこれまでの実績によって安定的な利益基盤を構築している事業分野である．

これらの事業分野については，蓄積された専門性とこれまで築き上げた信用をもとに利益を伸長させつつ，利益基盤を強固にすることができる分野である．② 法人金融サービス事業部門は国内の中核的な部門として位置づけられている．同事業部門は，全国の営業拠点を通じて，中堅・中小企業の顧客に，リース，ローンに加えて，保険商品，運用商品など他の事業部門や他社が取り扱う幅広い金融サービスのクロスセリングや最適な提案を実現するために，一人ひとりがそれぞれの専門分野において蓄積した情報，ノウハウを部門を越えて融合することに努めている．③ 法人金融サービス事業部門は営業拠点とこれまでに構築した中堅，中小企業の顧客，取引先などのネットワークは，他の事業部門にとって，商品，サービスの営業拡大を図るとともに，顧客のニーズを商品開発につなげる情報を得るためにも重要な役割を担っている[1]．

（クロスセリングとは，顧客のニーズに合わせて様々な商品を複合的に提案する営業スタイルのことである．）

2．オリックスのビジョン

宮内〔2005〕によると，オリックスの強みは，他社に一歩先んじて新たな事業機会に挑戦できることである．絶えず変化するマーケットにおいて，これを実行し続けるのは容易なことではない．オリックスが常に挑戦し続けることができたのは，新たなチャレンジを評価し，迅速かつ適切な意思決定を行うマネ

ジメント,そして顧客のニーズを的確に把握し,問題を解決できる現場の実行力が支えてきたものと考えられる.

オリックスが金融性を持続し,さらに The Next Stage に挑戦していくために,こうした強みを発展させて ORIX Way をより確かなものにしていきたいと考えている.

3.オリックスの自動車事業

2005年1月1日,自動車リースやレンタカーなどの自動車関連ビジネスを展開するグループ会社7社を統合し,オリックス自動車をスタートさせた.セグメントとしても法人金融サービス事業とレンタル事業から独立させ,自動車事業として開示している.自動車リースとレンタカーで構成される自動車事業のセグメント利益(税引前当期純利益)は,グループのセグメント利益全体の12%を占めている.2001年度以降の年平均成長率は23%となっている.自動車事業は,車両管理全般のアウトソーシング・ビジネスであり,自動車の購入,ファイナンス,メンテナンスサービス,リース終了車の販売に至るまで一連の流れの中で高い付加価値を創り出すバリューチェーンを形成している.[2]

4.不動産関連ファイナンス事業

オリックスは1970年代に法人向け不動産担保ローンを取り扱いはじめ,1980年からは住宅ローン事業を開始した.さらに独身寮賃貸事業,マンション分譲事業へ展開している.

事業領域を広げることによって,利益成長を図ってきた.1997年頃から,不良化した不動産担保ローン債権を銀行からバルク(大量)で購入する外資系投資家が表れはじめ,沈滞化していた不動産関連ファイナンス分野の市場拡大の可能性をいち早く読み取り,アメリカの拠点で事業を先行した.担保不動産

以外に返済原資を求めないノンリコースローンおよびその証券化関連に不動産関連ファイナンスの専門部署を設置した.[3]

5. プリンシパル・インベストメント事業

1990年代後半,大企業を中心に事業の選択と集中が図られ,子会社の売却や独立,買収という動きがはじまった.オリックスは,こうした動きに着目し,2000年投資事業の専門部署プリンシパル・インベストメント・グループを設置し,MBO(Management Buy-Out)における資金提供など新たな事業機会の獲得を図っている.オリックスは1980年代後半から事業拡大の手法として,積極的にM&Aを活用している.専門部署の設置は,デューデリジェンス(資産査定)業務のノウハウなどM&Aの経験によって得た専門性を投資事業として活用していっている.その後,金融機関の不良債権処理の過程で,企業の不良資産を売却して債務減免や増資を行ったうえで,経営者を派遣し企業再生を図る,企業再生ビジネスという新たなビジネスチャンスが創出された.[4]図表12－1にてオリックスの企業再生ビジネスを提示する.

6. コーポレート・ガバナンス

オリックスのコーポレート・ガバナンスに関する基本的な考え方は,経営の基本方針に沿った事業活動の推進のためには,様々なステークホルダーの視点に立ったコーポレート・ガバナンス体制の構築が重要と考えている.

オリックスは,1997年6月に外部の有識者と経営の専門家を迎えて諮問委員会を設置して以降,事業活動が株主価値を重視したものになっているか客観的にチェックするために,コーポレート・ガバナンスの仕組みを強化した.

1998年には執行役員制度を導入し,経営戦略,意思決定機能と業務執行機能の分離を図った.1999年には取締役の員数を絞り,3名の諮問委員を社外

第 12 章　ベンチャー企業の起業成功例 1　163

図表12—1

投資先	当初出資日	業種
あおぞら銀行	2000年9月	銀行業
杉乃井ホテル	2002年8月	旅館業
ミナミ	2002年11月	小売業（スポーツ用品）
大韓生命（韓国）	2002年12月	生命保険業
フーズネット	2003年11月	飲食業（すしチェーン）
フットワークエクスプレス	2003年12月	運送業
ツーアンドワン	2004年3月	衣料製造業（スポーツアパレル）
御宿東鳳	2004年6月	旅館業
春帆楼	2004年9月	飲食業・旅館業
フェニックス	2004年12月	衣料製造業（スポーツアパレル）
大京	2005年3月	不動産業

出所）オリックス〔2005：20〕

取締役および顧問に迎えることによって，諮問委員会を発展的に解消した．[5] 図表12—2にてオリックスのコーポレート・ガバナンスを提示する．

7．コンプライアンス強化の取り組み

　オリックス〔2005〕では，コンプライアンスはコーポレート・ガバナンスの基盤となるものとして，積極的に推進している．オリックスにおける具体的なコンプライアンスの推進は，1989年のオリエント・リースからオリックスへの社名変更の際に，グループCI（コーポレート・アイディンティティ）を導入し，「グループ理念」「グループ経営方針」および「グループ行動指針」を定めたときからはじまった．

　1998年に上記の理念等を土台として，オリックスが21世紀に向かって目指すべき企業像を「誇り」「信頼」「尊敬」という3つの言葉に集約して明確化し，その実現のための規範として「企業行動規範」および「社員行動規範」を

図表12—2　オリックスのコーポレート・ガバナンス

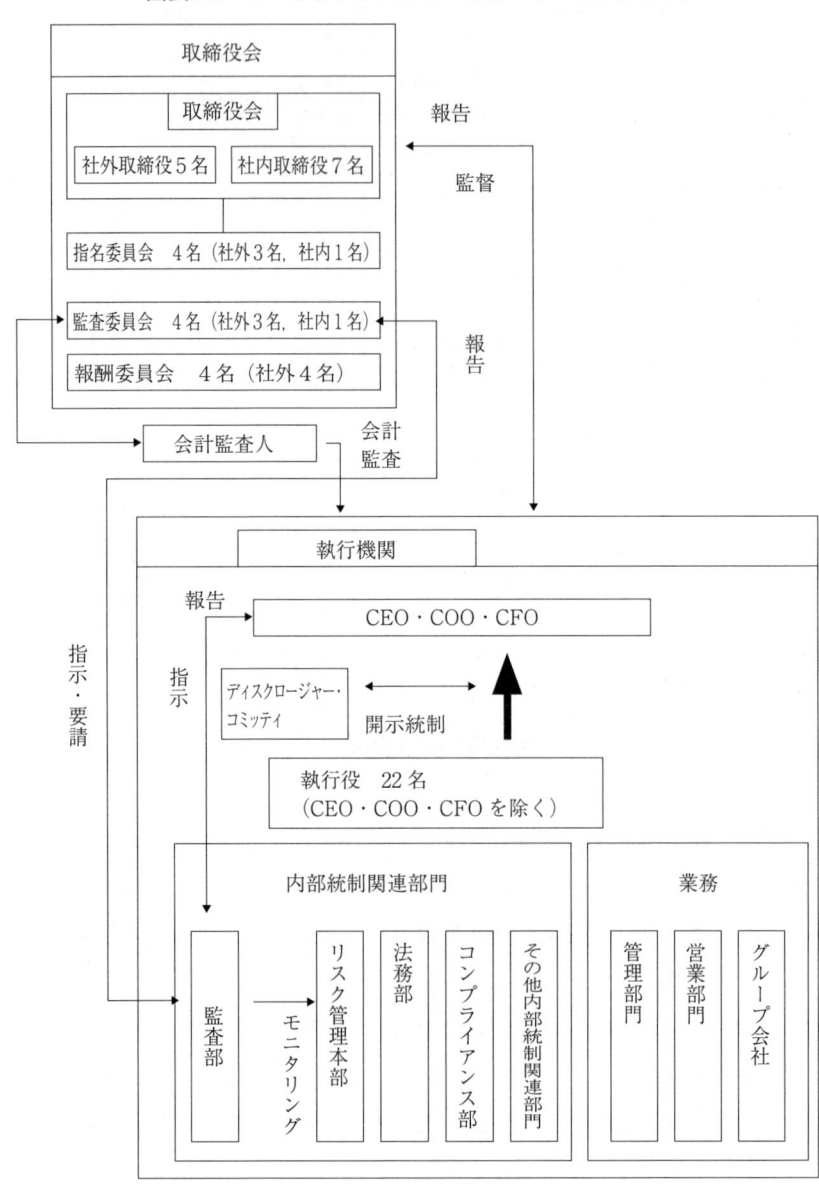

```
┌─────────────────────────────────────────┐
│              取締役会                    │
│  ┌───────────────────────────────────┐  │
│  │           取締役会                 │  │
│  │  ┌──────────┐ ┌──────────┐       │  │
│  │  │社外取締役5名│ │社内取締役7名│       │  │
│  │  └──────────┘ └──────────┘       │  │
│  │                                   │  │
│  │ 指名委員会　4名（社外3名，社内1名）│  │
│  │                                   │  │
│  │ 監査委員会　4名（社外3名，社内1名）│  │
│  │                                   │  │
│  │ 報酬委員会　4名（社外4名）         │  │
│  └───────────────────────────────────┘  │
└─────────────────────────────────────────┘
```

取締役会 → 執行機関：報告、監督

会計監査人 → 会計監査

監査委員会 ← 報告

┌───┐
│   執行機関   │
│   │
│ 報告　　　CEO・COO・CFO   │
│ 指示   │
│   ┌──────────────┐   │
│   │ディスクロージャー・│ ←→ 開示統制 │
│   │　コミッティ　　　│   │
│   └──────────────┘   │
│   │
│   執行役　22名   │
│   （CEO・COO・CFOを除く）   │
│   │
│ ┌─────────────────┐ ┌───────────────┐ │
│ │ 内部統制関連部門 │ │   業務   │ │
│ │ 監 リ 法 コ そ   │ │ 管 営 グ   │ │
│ │ 査 ス 務 ン の   │ │ 理 業 ル   │ │
│ │ 部 ク 部 プ 他   │ │ 部 部 ー   │ │
│ │   管   ラ 内   │ │ 門 門 プ   │ │
│ │   理   イ 部   │ │   会   │ │
│ │   本   ア 統   │ │   社   │ │
│ │   部   ン 制   │ │   │ │
│ │   モ   ス 関   │ │   │ │
│ │   ニ   部 連   │ │   │ │
│ │   タ   部   │ │   │ │
│ │   リ   門   │ │   │ │
│ │   ン   │ │   │ │
│ │   グ   │ │   │ │
│ └─────────────────┘ └───────────────┘ │
└───┘

指示・要請

出所）オリックス〔2005：61〕

定め，これを「EC21」として発表した．「EC21」とは「21世紀におけるExcellent Company」であり，「EC21」がオリックスにおけるコンプライアンス実践の拠りどころとなっている．その浸透を図るため，コンプライアンス推進の専門部署を設置し，2002年には「コンプライアンス・マニュアル」を作成した．そしてグループ全役職員に対しコンプライアンス・プログラムを毎年策定している．

8．イノベーションへの挑戦

　藤木保彦COO〔2005〕によると，オリックスは創立以来，時代の変化に応じて新しい商品，サービスを提供してきたが，今オリックスは大きく変化している．その要因を藤木COOは，グローバル化，デジタル化，IT他，ペイオフの解禁等，M&A時代の幕開け，金融コングロマリット化，投資サービス法等の法律の新設，改正などにあるとした．オリックスのビジネスモデルは常に進化しているが，軸足はあくまでも金融サービスである．そして，金融サービスにおけるサービスのウェイトを今後はさらに高めていく方向にある．サービスのウェイトが高まれば高まるほど，質（Quality）が問われる．質の向上ということをCSR（企業の社会的責任）の切り口で述べている．企業も社会の一員であり，社会のルールを守って，社会に貢献する責任を負っている．社会との良好な関係の維持が企業の継続的な発展につながる．

　また，経営戦略ではミッション（使命），ビジョン（未来図），バリュー（価値観）を中心に考えている．オリックスのミッションは，お客様の財務戦略パートナーとして他にはないアンサーを提供することである．ビジョンは人々から信頼され，社会から尊敬される企業になることである．

　バリューは前向き，公正，謙虚である．これらのオリックスの取り組みを図表12－3にて提示する．

　10年間の財務データは図表12－4にて提示する．

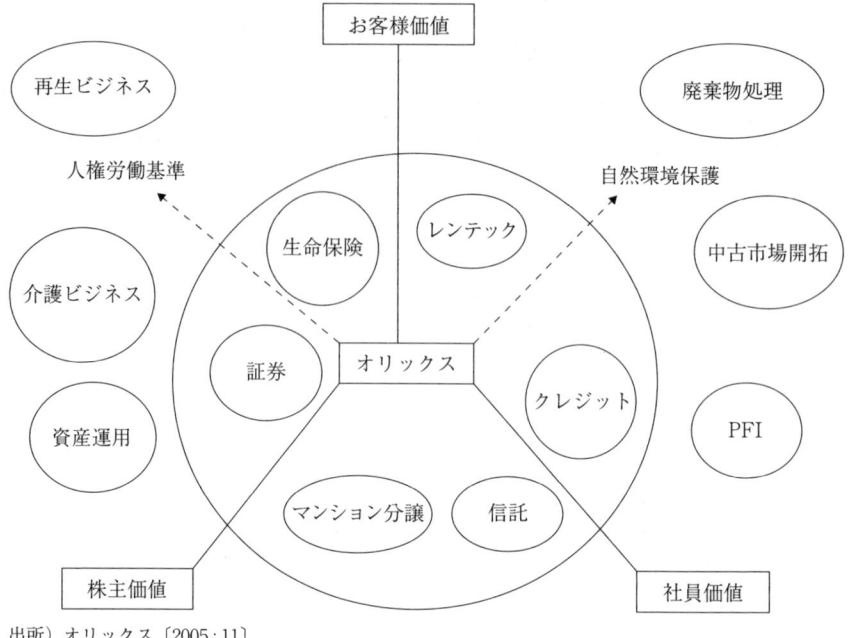

図表12−3　オリックスのCSRを意識した取り組み

- お客様価値
- 人権労働基準
- 自然環境保護
- 再生ビジネス
- 廃棄物処理
- 介護ビジネス
- 中古市場開拓
- 資産運用
- PFI
- 株主価値
- 社員価値

中心の円内：
- 生命保険
- レンテック
- 証券
- オリックス
- クレジット
- マンション分譲
- 信託

出所）オリックス〔2005：11〕

◆ おわりに

　オリックスの財務データからは，収益および費用のところで10年間に2倍になった．これは，急成長企業といえる．イントラプレナー型ベンチャー企業としてファイナンス・リース投資のさきがけとして道を切り開いてきたことが理解できる．しかし，メイン業務は，全社的な急成長に反して約25％のダウンとなっている．急成長した要因としては，営業貸付金によるところが大といえる．1996年の503,627円から2005年には1,545,517円と3倍の伸びである．それに伴って従業員数の伸びも大きく，1996年の6,991人から2005年13,734人と2倍になっている．

　ベンチャー企業のオリックスは今後も成長を続け，日本を代表する企業にな

図表12—4　10年間の要約財務データ

オリックス株式会社および連結子会社　　　　　　　　　　　　　　　　　　　　　百万円

財務状態	3月31日終了事業年度		
	1996	1997	1998
ファイナンス・リース投資	¥1,913,836	¥2,067,616	¥2,186,022
営業貸付金	1,628,916	1,700,697	1,794,825
オペレーティング・リース投資	413,419	465,737	435,066
投資有価証券	345,935	434,483	500,449
その他営業資産	55,161	58,193	65,838
営業資産合計	¥4,357,267	¥4,726,731	¥4,982,200
貸倒引当金	¥(81,886)	¥(117,567)	¥(145,741)
貸倒引当金比率（貸倒引当金/ファイナンス・リース投資および営業貸付金）	2.3%	3.1%	3.7%
長短借入債務および預金	¥3,986,809	¥4,217,334	¥4,628,670
株主資本	¥276,251	¥308,584	¥313,821
総資産	¥4,751,756	¥5,089,975	¥5,574,309
収益および費用			
営業収益	¥418,997	¥472,356	¥554,713
支払利息	¥138,394	¥130,743	¥142,177
販売費および一般管理費	¥61,569	¥70,902	¥79,671
税引前当期純利益	¥35,027	¥36,889	¥38,412
継続事業からの利益	¥18,003	¥19,044	¥23,731
当期純利益	¥18,003	¥19,044	¥23,731
ROA（総資本利益率）	0.39%	0.39%	0.45%
ROE（株主資本利益率）	7.00%	6.51%	7.63%
1株当たり（円）			
当期純利益（基本的）	¥231.27	¥244.64	¥305.33
当期純利益（希薄化後）	¥231.27	¥244.64	¥305.33
純資産	¥3,548.77	¥3,964.16	¥4,041.87
営業実績			
ファイナンス・リース			
新規実行高（受取金額ベース）	¥1,022,267	¥1,050,849	¥1,227,719
新規実行高（購入金額ベース）	¥847,774	¥886,806	¥1,093,519
営業貸付金			
新規貸付額	¥503,627	¥593,074	¥715,030
オペレーティング・リース			
新規購入額	¥95,802	¥92,932	¥98,566
投資有価証券			
新規購入額	¥114,199	¥135,324	¥217,225
その他営業取引			
新規投資額	¥26,617	¥24,336	¥35,898
従業員数（人）	6,991	7,594	8,203

注1）1998年3月期において，オリックス信託銀行株式会社の買収に伴い，営業貸付金の新規貸付額および投資有価証券の新規購入額が，それぞれ18,999百万円および34,189百万円増加している。また，2002年3月期において，株式会社イフコの買収に伴い，ファイナンス・リースの新規実行高（受取金額ベース）および新規実行高（購入金額ベース）がそれぞれ248,101百万円，252,436百万円，営業貸付金の新規貸付額および投資有価証券の新規購入額がそれぞれ5,841百万円，1,042百万円増加している。さらに，朝日生命保険相互会社からの住宅ローン債権買い取りにより，営業貸付金の新規貸付額が132,127百万円増加している。また，2003年3月期において，日鐵リース株式会社の買収に伴い，ファイナンス・リースの新規実行高（受取金額ベース）および新規実行高（購入金額ベース）がそれぞれ112,007百万円，112,605百万円増加している。

百万円

3月31日終了事業年度						
1999	2000	2001	2002	2003	2004	2005
¥1,952,842	¥1,744,953	¥1,657,709	¥1,658,669	¥1,572,308	¥1,453,575	¥1,451,574
1,761,887	1,791,439	1,846,511	2,273,280	2,288,039	2,234,940	2,386,597
411,156	397,576	451,171	474,491	529,044	536,702	619,005
576,206	758,381	942,158	861,336	677,435	551,928	589,271
73,345	68,943	98,175	245,897	76,343	72,049	82,651
¥4,775,436	¥4,761,292	¥4,995,724	¥5,513,673	¥5,143,169	¥4,849,194	¥5,129,098
¥(132,606)	¥(136,939)	¥(141,077)	¥(152,887)	¥(133,146)	¥(128,020)	¥(115,250)
3.6%	3.9%	4.0%	3.9%	3.4%	3.5%	3.0%
¥4,274,280	¥4,010,468	¥4,070,545	¥4,679,566	¥4,239,514	¥3,859,180	¥4,146,322
¥327,843	¥425,671	¥461,323	¥502,508	¥505,458	¥564,047	¥727,333
¥5,347,636	¥5,341,542	¥5,591,311	¥6,350,219	¥5,931,067	¥5,624,957	¥6,068,953
¥639,406	¥655,823	¥624,975	¥695,089	¥718,890	¥756,670	¥916,950
¥140,846	¥115,038	¥109,289	¥90,279	¥71,380	¥60,060	¥56,562
¥82,395	¥90,961	¥101,156	¥126,316	¥144,271	¥161,835	¥181,620
¥27,315	¥52,048	¥59,236	¥72,306	¥45,386	¥101,954	¥154,347
¥25,621	¥30,642	¥34,157	¥39,706	¥24,578	¥50,510	¥85,521
¥25,621	¥30,642	¥34,157	¥40,269	¥30,243	¥54,020	¥91,496
0.47%	0.57%	0.62%	0.67%	0.49%	0.93%	1.56%
7.99%	8.13%	7.70%	8.36%	6.00%	10.10%	14.17%
¥330.43	¥385.27	¥417.77	¥489.19	¥36144	¥645.52	¥1,087.82
¥330.43	¥377.02	¥400.99	¥467.11	¥340.95	¥601.46	¥1,002.18
¥4,232.02	¥5,199.12	¥5,646.11	¥6,007.52	¥6,039.43	¥6,739.64	¥8,322.96
¥1,076,387	¥1,073,074	¥842,396	¥1,083,070	¥1,000,896	¥801,787	¥863,137
¥913,221	¥905,898	¥723,330	¥980,379	¥895,848	¥713,240	¥767,672
¥706,758	¥807,477	¥740,639	¥1,340,400	¥1,268,170	¥1,124,276	¥1,545,517
¥92,272	¥101,020	¥143,158	¥146,203	¥173,567	¥189,737	¥248,327
¥302,035	¥333,249	¥397,218	¥348,347	¥231,294	¥122,066	¥244,600
¥39,733	¥70,443	¥128,984	¥204,121	¥116,736	¥186,265	¥129,604
9,037	9,503	9,529	11,271	11,833	12,481	13,734

注2） 2001年3月期において，2000年5月19日付で1株につき1.2株の割合をもって株式分割を行った。1株当たり情報については，この株式分割を考慮し，遡及的に調整している。また，2005年3月期において発生問題委員会のEITF第04—8号（潜在株式調整後1株当たり利益に与える条件付転換社債券の影響）を適用した結果，2004年3月期の1株当たり当期純利益（希薄化後）を遡及して修正している。

注3） 米国財務会計基準書第144号（長期性資産の減損または処分の会計処理）に準拠し，非継続的取引に該当する賃貸不動産にかかる損益の過年度の金額を遡及的に組替表示している。

注4） 営業収益のうち，オペレーティング・リース収益から控除していた保険料や固定資産税などのオペレーティング・リースにかかる諸費用を営業費用に含めて表示している。これに伴い，過年度の金額を遡及的に組替表示している。

第12章 ベンチャー企業の起業成功例1　169

ると考える．さらなる M&A を展開し，成長すると考えられる．
　オリックスの主要国内，国外会社は資料12－1，12－2を参照されたい．

注）
1) オリックス〔2005〕年次報告書　pp.4-5
2) 同上書　p.14
3) 同上書　p.17
4) 同上書　p.20
5) 同上書　p.61

参考文献）
オリックス〔2005〕『The Next Stage』年次報告書
オリックス〔2005〕『オリックスジャーナル vol.34』オリックス
オリックス〔2005〕『オリックスジャーナル vol.33』オリックス
オリックス〔2004〕『オリックスの40年の軌跡』オリックス
オリックス〔2005〕『GROUP DYNAMICS』オリックス

資料12－1　主要国内グループ会社

会社名	設立年月	事業内容	出資比率
オリックス株式会社 （ORIX Corporation）	1964年4月	リース・割賦売買およびその他金融サービス	－
オリックス・アルファ株式会社 （ORIX Alpha Corporation）	1972年3月	流通サービス業界向けファイナンス	100%
オリックス・オート・リース株式会社 （ORIX Auto Leasing Corporation）	1973年6月	自動車リース	100%
オリックス・レンテック株式会社 （ORIX Rentec Corporarion）	1976年9月	測定機器・OA機器レンタル	100%
オリックス保険サービス株式会社 （ORIX Insurance Service Corporation）	1976年9月	保険代理店	100%
オリックス・マリタイム株式会社 （ORIX Maritime Corporation）	1977年11月	船舶運航管理	100%
オリックス・クレジット株式会社 （ORIX Credit Corporation）	1979年6月	消費者金融、信販	100%
オリックス・キャピタル株式会社 （ORIX Capital Corporation）	1983年10月	ベンチャーキャピタル	100%
オリックス・システム株式会社（ORIX Computer Systems Corporation）	1984年3月	情報システム開発・運用	100%

会社名	設立	事業内容	出資比率
オリックス・レンタカー株式会社 (ORIX Rent-A-Car Corporation)	1985年2月	レンタカー	100%
オリックス証券株式会社 (ORIX Securities Corporation)	(1986年3月)	証券	100%
オリックス・エアクラフト株式会社 (ORIX Aircraft Corporation)	1986年5月	航空機リース	100%
オリックス・エステート株式会社 (ORIX Estate Corporation)	(1986年12月)	不動産賃貸・ゴルフ場運営	100%
オリックス野球クラブ株式会社 (ORIX Baseball Club)	(1988年10月)	プロ野球球団経営	100%
オリックス・コモディティーズ株式会社 (ORIX COMMODITIES Corporation)	1990年1月	株式・先物運用	100%
オリックス生命保険株式会社 (ORIX Life Insurance Corporation)	1991年4月	生命保険	100%
ブルーウェーブ株式会社 (BlueWave Corporation)	1991年8月	ホテル・研修所運営	100%
オリックス環境株式会社 (ORIX Eco Service Corporation)	1998年4月	環境サービス	100%
オリックス信託銀行株式会社（ORIX Trust and Banking Corporation)	(1998年4月)	信託銀行	100%
オリックス・クリエイト株式会社 (ORIX Create Corporation)	1998年7月	広告代理店	100%
オリックス・インテリア株式会社 (ORIX Interior Corporation)	1998年10月＊	インテリア製造・販売	100%
オリックス・リアルエステート株式会社 (ORIX Real Estate Corporation)	1999年3月	不動産関連事業	100%
オリックス債権回収株式会社 (ORIX Asset Management and Loan Services Corporation)	1999年4月	サービサー	100%
オリックス・インベストメント株式会社 (ORIX Investment Corporation)	1999年6月	オルタナティブ・インベストメント	100%
株式会社サンリース (Sun Leasing Corporation)	(1999年9月)	医療関連設備リース	100%
オリックス・インシュアランス・プランニング株式会社（ORIX Insurance Planning Corporation)	1999年9月	損害保険代理店	50%
オリックス・エム・アイ・シー株式会社 (ORIX Management Information Center Corporation)	1999年10月	経理統括業務	100%
オリックス・コールセンター株式会社 (ORIX Call Center Corporation)	1999年11月	コールセンター	100%
オリックス・ゴルフ株式会社 (ORIX Golf Corporation)	2000年7月	ゴルフ場開発・運営	100%

第12章　ベンチャー企業の起業成功例1　171

オリックス・アセットマネジメント株式会社（ORIX Asset Management Corporation）	2000年9月	投資法人資産運用	100%
センコーリース株式会社（Senko Lease Corporation）	（2001年7月）	自動車リース	100%
オリックス・ファシリティーズ株式会社（ORIX Facilities Corporation）	（2001年9月）	建物総合管理および関連サービス	85%
株式会社イフコ（IFCO Inc.）	（2001年9月）	自動車リース	80%
オリックス人材株式会社（ORIX Human Resources Corporation）	2002年2月	人材派遣	100%
もみじリース株式会社（Momiji Lease Corporation）	（2002年3月）	リース	95%
日鐵リース株式会社（Nittetsu Leasing Co., Ltd.）	（2002年7月）	リース	95%
日鐵リースオート株式会社（Nittetsu Leasing Auto Co., Ltd.）	（2002年7月）	自動車リース	91%
オリックス・ファイナンシャル・アライアンス株式会社（ORIX Financial Alliance Corporation）	2002年10月	生命保険代理店	100%
オリックスM&Aソリューションズ株式会社（ORIX M&A Solutions Corporation）	2003年2月	M&A・企業再生等支援，アドバイス	100%
株式会社ジャパレン（JAPAREN Co., Ltd.）	（2003年10月）	レンタカー	100%

注1）（　）内の数字は，資本参加あるいは取得年月を表わしている．
注2）出資比率はグループ会社による間接所有分を含む．
注3）＊現オリックス・インテリアの前身となるトーシキインテリアは1987年1月にグループ入りした．
出所）オリックス〔2004：67〕

資料12－2　主要海外グループ会社

国・地域	会社名	設立年月	事業内容	出資比率
米州				
米国	ORIX USA Corporation	1981年8月	投資銀行業務，リース	100%
	ORIX Real Estate Equities, Inc.	（1987年8月）	不動産関連事業	100%
	ORIX Financial Services, Inc	（1989年9月）	リース，ローン	100%
	ORIX Capital Markets, LLC.	1997年4月	サービサー，債権投資	100%
バミューダ	Stockton Holdings Limited	（1989年7月）	先物運用，再保険	29%

アジア大洋州				
シンガポール	ORIX Leasing Singapore Limited	1972年9月	リース，割賦売買	50%
	ORIX Investment and Management Private Limited	1981年5月	ベンチャーキャピタル	100%
	ORIX CAR RENTALS PTE. LTD.	1981年9月	自動車リース，レンタカー	45%
	ORIX Rentec (Singapore) Pte. Limited	1995年10月	測定機器，OA機器レンタル	100%
	ORIX Capital Resources Limited	1997年11月	船舶ファイナンス	100%
	ORIX Ship Resources Private Limited	1997年11月	船舶ファイナンス	100%
香港特別行政区	ORIX Asia Limited	1971年9月	リース，投資銀行業務	100%
韓国	ORIX Rentec (Korea) Corporation	2001年4月	測定機器，OA機器レンタル	100%
	ORIX Auto Leasing Korea Corporation	2004年2月	リース，自動車リース	100%
台湾	ORIX Taiwan Corporation	1982年10月	リース，割賦売買	95%
	ORIX Auto Leasing Taiwan Corporation	1998年4月	自動車リース	100%
フィリピン	ORIX METRO Leasing and Finance Corporation	1977年6月	リース，自動車リース	40%
タイ	Thai ORIX Leasing Co., Ltd.	1978年6月	リース，割賦売買	49%
	ORIX Auto Leasing (Thailand) Co., Ltd.	(2001年8月)	自動車リース，レンタカー	85%
マレーシア	ORIX Leasing Malaysia Berhad	1973年9月	リース，ローン，割賦売買	80%
	ORIX Car Rentals Sdn. Bhd.	1989年2月	レンタカー	28%
	ORIX Rentec (Malaysia) Sdn. Bhd.	1996年11月	測定機器，OA機器レンタル	94%
	ORIX Auto Leasing Malaysia Sdn. Bhd.	2000年10月	自動車リース	80%
インドネシア	PT. ORIX Indonesia Finance	1975年4月	リース，消費者金融	83%
インド	INFRASTRUCTURE LEASING & FINANCIAL SERVICES LIMITED	(1993年3月)	投資銀行業務，コーポレートファイナンス	21%
	ORIX Auto and Business Solutions Limited	1995年3月	自動車リース	58%

第12章 ベンチャー企業の起業成功例1

国	会社名	設立年月	事業内容	出資比率
インド	IL & FS Investsmart Limited	（2000年3月）	証券	23%
	IL & FS Education & Technology Services Limited	（2000年8月）	ネット教育関連事業	31%
スリランカ	Lanka ORIX Leasing Company Limited *	1980年3月	リース，自動車リース	30%
オーストラリア	ORIX Australia Corporation Limited	1986年7月	リース，自動車リース，トラックレンタル	100%
	AUSTRAL MERCANTILE COLLECTIONS PTY LIMITED	1998年11月	サービサー	50%
ニュージーランド	ORIX New Zealand Limited	1988年8月	リース，自動車リース，レンタカー	100%
パキスタン	ORIX Leasing Pakistan Limited *	1986年7月	リース，自動車リース，ローン	50%
	ORIX Investment Bank Pakistan Limited *	1995年7月	投資銀行業務	27%
オマーン	Oman ORIX Leasing Company SAOQ *	1994年7月	リース，自動車リース	10%
エジプト	ORIX Leasing Egypt SAE	1997年6月	リース	34%
サウジアラビア	Saudi ORIX Leasing Company	2001年1月	リース，自動車リース	25%
アラブ首長国連邦	MAF ORIX Finance PJSC	2002年4月	リース	36%
欧州				
英国	ORIX Europe Limited	1982年11月	コーポレートファイナンス	100%
	ORIX Corporate Finance Limited	1989年9月	投融資コンサルティング	100%
	ORIX Rentec Limited	2001年7月	測定機器・OA機器レンタル	100%
アイルランド	ORIX Ireland Limited	1988年5月	経理統括業務	100%
	ORIX Aviation Systems Limited	1991年3月	航空機リース	100%
ポーランド	ORIX Polska S.A.	（1997年5月）	リース，自動車リース	100%

注1）（ ）内の数字は，資本参加あるいは取得年月を表わしている．
注2）出資比率はグループ会社による間接所有分を含む．
注3）上場企業は＊印で表示している．

第13章

ベンチャー企業の起業成功例2

―― アドバンテストの成長と財務 ――

◆ はじめに

　ベンチャー企業のアドバンテストを本章で取り上げる．アドバンテストは，1954年にタケダ理研として起業した．ビジョンは「先端技術を先端で支える」である．

　アドバンテスト〔2005〕によると，世の中の技術の一歩先を見据え研究，開発を積極的に推進し，独自性に溢れた製品をいち早く提供し，「夢のある未来社会の実現」をミッションとしている．また，社会の根源にあるものを探求し，解決し，環境経営では「地球環境を次世代へ着実に伝える」とした．

　ベンチャー企業の成長事例としてアドバンテストの財務を要点にし，検討したい．起業後の成長過程を通して今後のベンチャー企業発展のエンジンをみつけたいと考える．

1．アドバンテストの起業と歴史

　タケダ理研工業として1954年に東京にて起業，同年マイクロ，マイクロ・アンメーターを発売し，先端技術開発型として始動した．

1957年にエレクトロニック・カウンターを発表, 1968年にはIC産業に参入し, 半導体試験装置研究に着手した. 1971年, 日本ミニコンピュータ(株)の設立に参加しミニコンを国産化し, 1976年には富士通, 第一勧業銀行の支援を受ける. 1982年にアメリカに進出, Takeda Systems, Inc. (現Advantest America, Inc.) を設立した. さらに, 1983年には東京証券取引所第二部にIPOした. 1985年に社名をアドバンテストに変更, 同年ICテストシステムの世界トップメーカーとなる. 1986年には, オランダ, フランス, シンガポール, イギリスへ進出し, グローバル化を推進した. 1992年には, 事業部制を導入し, キャッシュフロー経営を取り入れ, 翌年には環境経営において地球環境保全委員会の設置と地球環境憲章の制定を行った.

1996年にはアジア地区の統括会社 Advantest Asia Pte. Ltdを設立, 同年韓国にAdvantest Korea Co., Ltd.設立, 1997年北アメリカの統括会社Advantest America Corporation設立と世界を視野に入れた経営を行った.

2000年には経営指標としてAVA (Advantest Value Added: アドバンテスト流経済付加価値) を導入, 同年経営管理手法であるABCM (Activity Based Costing and Management) を導入した.

2002年では成果指標としてAPI (Advantest Activity Performance Indicator) を導入, 2003年には環境経営推進の環境推進センターと環境対策統括委員会を設置するに至った. 2004年事業区分を半導体, 部品テストシステム, メカトロニクス関連事業, サービス他に変更した.

2. アドバンテストの方向性

計測と試験における世界のリーディング・カンパニーのアドバンテストとして大いなる飛躍への道を進んでいる. 20世紀の終焉と共に, 欧米も日本とともにネットバブルが一転してIT不況に変わった. 景気見通しが不透明なまま, 21世紀を迎える. 2002年には景況感がさらに悪化し, 世界同時不況と表

現された．金融機関の相次ぐ大型 M & A により，金融ビッグバンが現実のものとなった．

また，わが国インターネットのブロードバンド化が急激に進み，2003 年には ADSL 加入者数が 1,000 万を突破した．[1]

アドバンテストはドメイン戦略を「計測」とし，「先端技術を先端で支える」とビジョン設定している．

3．アドバンテストのテクノロジー

アドバンテストは，超最先端のナノテクノロジーにより半導体生産，電子部品測定ニーズに応えるため，電子ビーム露光装置や電子ビーム測長機の開発を進めている．さらに高精度測定技術の開発を行い電子ビーム露光装置 F5113，SAW フィルタ用パターン測長システム E3401C を世に送り出した．（SAW：Surface Accousitic Wave）

上記の超最先端技術によって半導体生産や電子部品の測定に大きく貢献している．[2]

4．アドバンテストのソリューション

アドバンテストは，トータル・ソリューション・サービス「GET solution」を提供し，コスト削減，開発 TAT 短縮，歩留まり向上，技術者の育成など，ユーザーが抱える様々なテストの問題の解決をしている．

「GET solution」では，24 時間，365 日の製品サポートや，最先端 LSI の設計評価やテスト技術開発から量産段階でのスループットや設備稼働率の向上など，多彩なエンジニアリングサービスを与えている（GET：Globally Enabled Total）．

図表 13－1 にて GET solution を提示する．

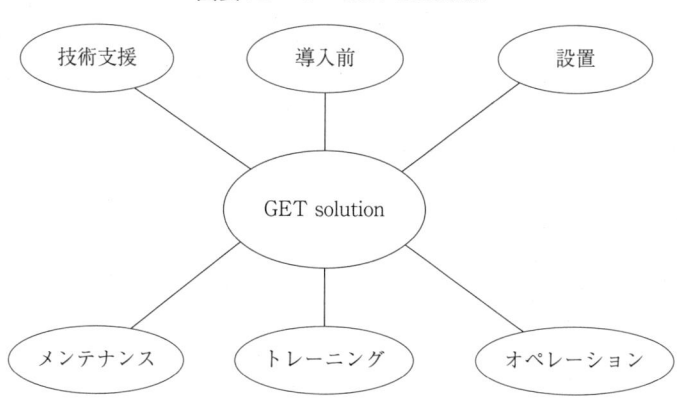

第 13 章　ベンチャー企業の起業成功例 2　　177

図表13－1　GET solution

```
      技術支援        導入前         設置
            \     |     /
             \    |    /
              GET solution
             /    |    \
            /     |     \
      メンテナンス   トレーニング   オペレーション
```

出所）ADVANTEST〔2005：16〕

5．アドバンテストの環境経営と CSR

　アドバンテスト〔2005〕によると，環境経営への取り組みとして環境活動と経済活動が共存し，社会の持続的な発展に貢献する環境経営を推進している．たとえば部材のグリーン調達や省エネルギーリサイクル性向上，有害物質排除に適応した製品の開発，省資源で効率の良い生産活動，環境負荷の少ない物流などにおいて環境に配慮している．図表13－2にてアドバンテストの環境経営を提示する．

　また，アドバンテストは企業の社会的責任（CSR：Corporate Social Responsibility）に対する関心が高まるなか，2003年にワールドワイドに CSR 活動を推進するため「経済」「環境」「社会」を柱とする CSR 委員会を設置した．コンプライアンスや環境保全，社会貢献活動，人権問題への対応や顧客満足度の向上などの方向性を決定し，その遵守，推進をしている．図表13－3にてアドバンテストの CSR を提示する．

図表13—2　アドバンテストの環境経営

環境経営
「環境保全活動」と「経済活動」の両立

経済活動　　　環境保全活動

出所) ADVANTEST〔2005:21〕

図表13—3　アドバンテストのCSR

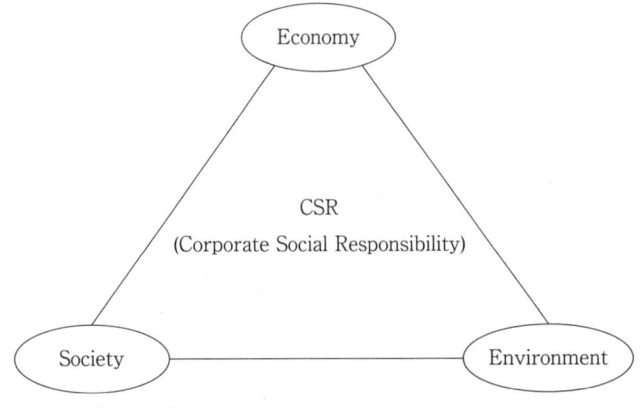

Economy

CSR
(Corporate Social Responsibility)

Society　　　Environment

出所) ADVANTEST〔2005:23〕

6．アドバンテストのコーポレートガバナンス

　アドバンテストは執行役員制を執り，現在21名の執行役員によって資本金323億6,300万円（2005年3月31日現在），社員1,433名（単独），3,565名（連結）（2005年3月31日現在）の成長会社の舵取りを行っている．図表13—4にて

第13章　ベンチャー企業の起業成功例2　179

図表13—4　アドバンテストのコーポレートガバナンス

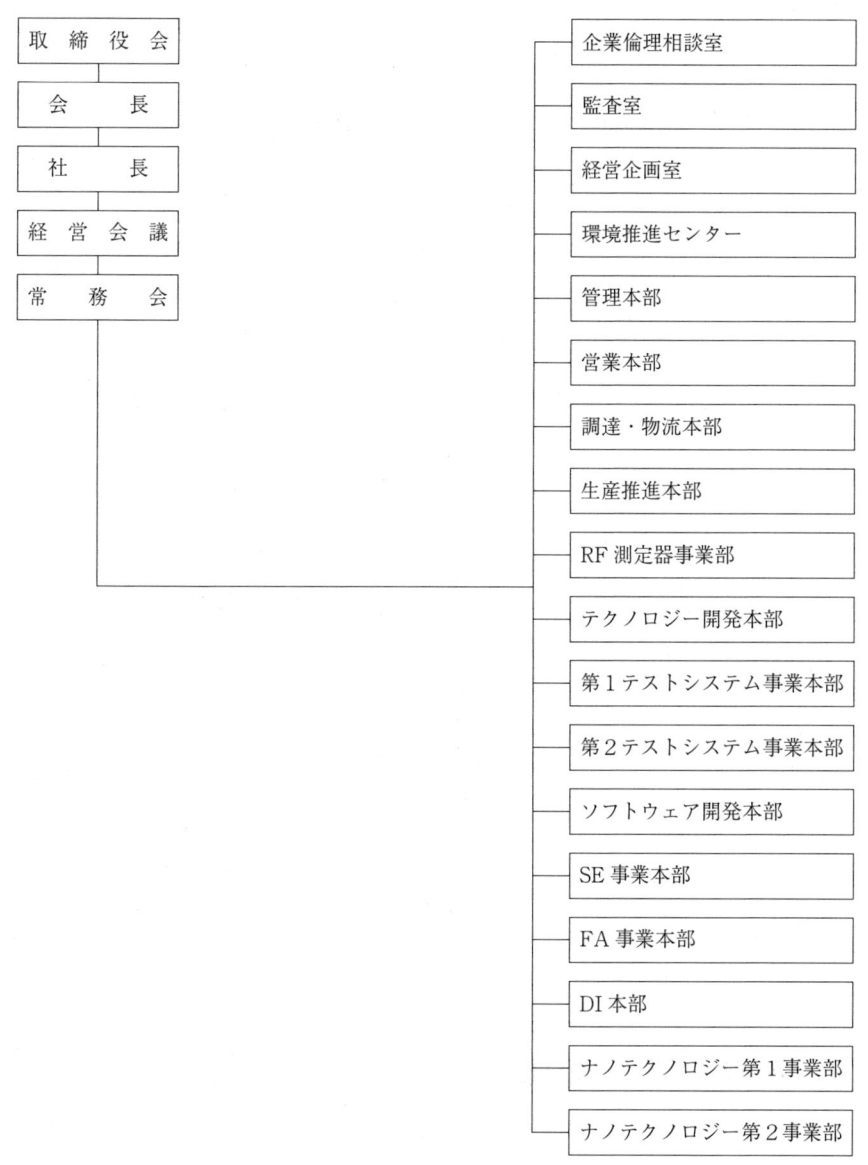

- 取締役会
- 会長
- 社長
- 経営会議
- 常務会

- 企業倫理相談室
- 監査室
- 経営企画室
- 環境推進センター
- 管理本部
- 営業本部
- 調達・物流本部
- 生産推進本部
- RF測定器事業部
- テクノロジー開発本部
- 第1テストシステム事業本部
- 第2テストシステム事業本部
- ソフトウェア開発本部
- SE事業本部
- FA事業本部
- DI本部
- ナノテクノロジー第1事業部
- ナノテクノロジー第2事業部

出所）ADVANTEST〔2005:25〕

組織図を,図表13－5にて業績推移を,図表13－6にて2004年度の売上構成を提示する.

図表13－5　アドバンテストの業績推移（連結）

[業績推移グラフ: 1997年 約2600, 1998年 約1400, 1999年 約1650, 2000年 約2650, 2001年 約900, 2002年 約1000, 2003年 約1700, 2004年 約2350]

出所）ADVANTEST〔2005:25〕

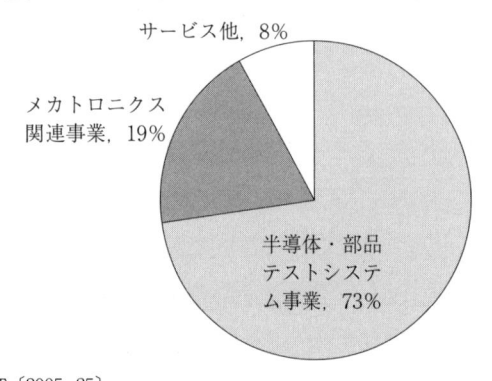

図表13－6　アドバンテストの2004年度売上構成

[円グラフ: サービス他 8%, メカトロニクス関連事業 19%, 半導体・部品テストシステム事業 73%]

出所）ADVANTEST〔2005:25〕

7. アドバンテストの財務

U.S. GAAP Selected Consolidated Financial Data

The following selected financial data have been derived from Advantest's audited consolidated financial statememts. These consolidated financial statements were prepared under accounting principles generally accepted in the United States, or U.S.GAAP. Advantest's U.S.GAAP audited consolidated financial statements for fiscal 2002, fiscal 2003 and fiscal 2004 were included in its Japanese Securities Reports filed with the Director of the Kanto Local Finance Bureau.

図表13—7 Consolidated Statement of Income Data

	Year ended March 31,					
	2001	2002	2003	2004	2005	2005
	(in millions, except per share data)					(thousands, except per share and share data)
Net sales	¥276,512	¥95,244	¥97,740	¥174,218	¥239,439	$2,229,621
Operating income (loss)	84,905	(37,105)	(16,743)	30,960	60,719	565,406
Income (loss) before Income taxes	86,333	(38,480)	(18,688)	28,878	61,808	575,547
Net income (loss)	53,121	(23,906)	(12,994)	17,329	38,078	354,577
Net income (loss) per Share :						
Basic	534.44	(240.38)	(131.99)	176.37	389.54	3.63
Diluted	533.24	(240.38)	(131.99)	176.02	388.51	3.62
Basic weighted average shares outstanding	99,394,909	99,453,203	98,445,111	98,250,830	97,750,345	97,750,345
Diluted weighted average shares outstanding	99,618,561	99,453,203	98,445,111	98,446,136	98,010,739	98,010,739

図表13—8 Consolidated Balance Sheet Data

	As of March 31,					
	2001	2002	2003	2004	2005	2005
Assets	¥407,431	¥307,562	¥281,224	¥330,808	¥296,769	$2,763,470
Current installments of long-term debt	4,343	43	2,243	4,543	20,043	186,637
Long-term debt, less Current installments.	26,911	26,868	24,626	20,083	40	373
stockholders' equity	267,929	240,716	210,663	221,768	206,749	1,925,217

図表13—9 Other Data

	Year ended March 31,					
	2001	2002	2003	2004	2005	2005
	(in millions, except percentages)					
Capital expenditures	¥12,280	¥13,254	¥7,564	¥5,621	¥9,348	$87,047
Research and development Expenses	28,541	26,674	23,615	21,637	26,280	244,716
Cash flows provided by operating Activities	29,597	9,009	4,967	28,215	90,327	841,112
Cash flows used in investing Activities	(16,130)	(18,573)	(8,419)	(5,070)	(8,250)	(76,823)
Cash flows used in financing Activities	(10,266)	(9,463)	(14,488)	(6,376)	(63,036)	(586,982)
Operating margin[1]	30.71%	(38.96)%	(17.13)%	17.77%	25.36%	
Net income margin[2]	19.21%	(25.10)%	(13.29)%	9.95%	15.90%	

出所）ADVANTEST〔2005：5〕

8. アドバンテストのインカムゲイン

図表13—10　ADVANTEST CORPORATION AND SUBSIDIRIES
Consolidated Statements of Stockholders' Equity

	2003	2004	2005	2005
		Yen (millions)		U. S. Dollars (Thousands)
Common stock：				
Balance at end of year	¥32,363	32,363	32,363	$ 301,360
Balance at end of year	32,363	32,363	32,363	301,360
Capital surplus：				
Balance at beginning of year	32,973	32,973	32,973	307,040
Stock option compensation expense	-	-	2,290	21,324
Balance at end of year	32,973	32,973	35,263	328,364
Retained earnings：				
Balance at beginning of year	178,998	162,547	177,404	1,651,960
Net income (loss)	(12,994)	17,329	38,078	354,577
Cash dividends	(3,457)	(2,456)	(4,915)	(45,768)
Loss on disposal of treasury stock	-	(16)	(446)	(4,153)
Balance at end of year	162,547	177,404	210,121	1,956,616
Accumulated other comprehensive income (loss)：				
Balance at beginning of year	(1,184)	(4,055)	(8,061)	(75,063)
Other comprehensive income (loss), net of tax	(2,871)	(4,006)	(3,183)	29,640
Balance at end of year	(4,055)	(8,061)	(4,878)	(45,423)
Treasury stock：				
Balance at beginning of year	(2,434)	(13,165)	(12,911)	(120,225)
Treasury stock purchased	(10,731)	(32)	(54,513)	(507,617)
Exercise of stock options	-	180	1,302	12,124
Decrease in treasury stock upon Share exchange	-	105	-	-
Treasury stock sold	-	1	2	18
Balance at end of year	(13,165)	(12,911)	(66,120)	(615,700)
Total stockholders' equity	¥210,663	221,768	206,749	$ 1,925,217
Disclosure of comprehensive income (loss)：				
Net income (loss)	¥(12,994)	17,329	38,078	$ 354,577
Other comprehensive income (loss), net of tax				
Foreign currency translation adjustments	(2,915)	(3,976)	1,635	15,225
Net unrealized gains on securities	44	1,366	152	1,416
Minimum pension liability adjustments	-	(1,396)	1,396	12,999
Total other comprehensive income (loss)	(2,871)	(4,006)	3,183	29,640
Total comprehensive Income (loss)	¥(15,865)	13,323	41,261	$ 384,217

See accompanying notes to consolidated financial statements.

出所）ADVANTEST〔2005：10〕

9. アドバンテストのキャッシュフロー経営

図表13-11　ADVANTEST CORPORATION AND SUBSIDIRIES
Consolidated Statements of Cash Flows

Years ended March 31, 2003, 2004 and 2005

	2003	2004	2005	2005
	Yen (millions)			U. S. Dollars (Thousands)
Cash flows from operating activities :				
Net income (loss)	¥ (12,994)	17,329	38,078	$ 354,577
Adjustments to reconcile net income (loss) to net cash provided by operating activities :				
Depreciation and amoetization	10,942	9,328	8,285	77,149
Deferred income taxes	(8,012)	6,703	13,540	126,083
Impairment loss on long-lived assets	—	3,030	—	—
Stock option compensation expense	—	—	2,290	21,324
Changes in assets and liabilities :				
Trade receivables	(10,927)	(35,285)	20,953	195,111
Inventories	17,415	(14,570)	20,218	188,267
Accrued expenses	(2,264)	2,536	4,445	41,391
Accrued warranty expenses	(440)	709	969	9,023
Deferred revenue	489	3,441	(2,456)	(22,870)
Accrued pension and severance cost	1,022	2,639	(3,409)	(31,744)
Other	895	1,168	478	4,451
Net cash provided by operating activities	4,967	28,215	90,327	841,112
Cash flow from investing activities :				
Proceeds from sale of available-for-sale Marketable securities	—	323	1,428	13,297
Proceeds from sale of non-marketable securities	7	387	50	466
Purchases of non-marketable securities	(1,000)	(1,288)	—	—
Proceeds from sale of property, plant and equipment	583	435	132	1,229
Purchases of intangible assets	(947)	(358)	(470)	(4,377)
Purchases of property, Plant and equipment	(6,827)	(5,068)	(8,738)	(81,367)
Other	(235)	499	(652)	(6,071)
Net cash provided by operating activities	4,967	28,215	90,327	841,112
Cash flows from investing activities :				
Proceeds from sale of available-for-sale marketable securities	—	323	1,428	13,297
Proceeds from sale of non-marketable securities	7	387	50	466
Purchases of non-marketable securities	(1,000)	(1,288)	—	—
Proceeds from sale of property, plant and equipment	583	435	132	1,229
Purchases of property, plant and equipment	(6,827)	(5,068)	(8,738)	(81,367)
Other	(235)	499	(652)	(6,071)
Net cash used in investing activities	(8,419)	(5,070)	(8,250)	(76,823)
Cash flows from financing activities :				
Principal payments on long-term debt	(42)	(3,811)	(4,543)	(42,304)
Proceeds from sale of treasury stock	—	90	939	8,744
Payments to acquire treasury stock	(10,733)	(31)	(54,511)	(507,598)
Dividends paid	(3,453)	(2,462)	(4,907)	(45,693)
Other	(260)	(162)	(14)	(131)
Net cash used in financing activities	(14,488)	(6,376)	(63,036)	(586,982)
Net effect of exchange rate changes on Cash and cash equivalents	(654)	(2,961)	799	7,440
Net change in cash and cash equivalents	(18,594)	13,808	19,840	184,747
Cash and cash equivalents at beginning of year	105,932	87,338	101,146	941,857
Cash and cash equivalents at end of year	¥87,338	101,146	120,986	$1,126,604
Supplemental data :				
Cash paid during the year for :				
Income taxes	¥507	1,936	6,740	$ 62,762
Interest	490	473	447	4,162

See accompanying notes to consolidated financial statements.

出所) ADVANTEST〔2005:11〕

10. アドバンテストのグローバル化

〔海外拠点〕　　　　　　　　　　　　　　　　（2004年10月1日現在）

ヨーロッパ
- アイルランド　Ireland Branch（Dubrin）
- イギリス　UK Branch（Scotland）
  - ● Advantest Finance UK Limited（London）
- オランダ　● Advantest International Europe B.V.（Amsterdam）
- ドイツ　● Advantest（Europe）GmbH
  - Head Office（Munich）
  - Dresden Support Office（Dresden）
- イタリア　Italy Branch（Miian）
- フランス　France Branch（Meylan）
  - ● Advantest Europe R&D S.A.R.L（Cedex）
- ポルトガル　Portugal Branch（Vila du Conde）
- マルタ　Malta Office（Malta）

アジア
- イスラエル　Israel Branch（Ramat-Gan）
- 中国　● Advantest（Suzhou）Co.,Ltd.
  - Head Office（蘇州）
  - Beijing Branch Office（北京分公司）
  - Shanghai Branch Office（上海分公司）
  - ● Advantest Shanghai Co.,Ltd.（上海）
- 韓国　● Advantest Korea Co.,Ltd.
  - Head Office（Seoul）
  - Cheonan Factory（Cheonan）
  - Icheon Office（Icheon）
- 台湾　● Advantest Taiwan Inc.
  - Head Office（Hsinchu）
  - Kaohsiung Office（Kaohsiung）
- フィリピン　● Advantest Philippines,Inc.（Muntinlupa City）
- シンガポール　● Advantest（Singapore）Pte.Ltd.（Singapore）
- マレーシア　● Advantest（Malaysia）Snd.Bhd.
  - Head Office（Kuala Lumpur）
  - Penang Office（Penang）
  - ● Advantest Engineering（M）Snd.Bhd.（Penang）

アメリカ
- アメリカ　● Advantest America Corporation（Santa Clara,CA）
  - ● Advantest America,Inc.
  - Head Office（Santa Clara,CA）

                Burington Office（Williston,VT）
                Portland Office（Portland,OR）
                Richmond Office（Mechanicsville,VA）
                Allentown Office（Bethlehem,PA）
                Chicago Office（Buffalo Grove,IL）
                Boise Office（Boice,ID）
                Austin Office（Austin,TX）
                Foisom Office（Foisom,CA）
                Boston Office（Lexington,MA）
                New Jersey Office（Edison,NJ）
            ●Advantest America R&D Center,Inc.（Santa Clara,CA）
コスタリカ　●Advantest Costa Rica Sociedad Anonima（San Jose）

出所）ADVANTEST〔2004：30〕より筆者作成

◆ おわりに ・・・・・・・・・・・・・・・・・・・

　今回，ベンチャー企業の成長事例としてアドバンテストを取り上げた．起業以来，50年を越えてなお発展する要因は何であるのかを考えてみた．まず，大企業となってなおベンチャー企業の定義である「果敢に挑戦する先端技術開発型企業」に値し，さらにその先端技術開発型企業の先端を行くというビジョン設定にあると考えられる．

　従業員3名で起業したベンチャー企業がときを経て従業員3,500名の世界的企業へと成長した．注目したいのは，1990年のバブル経済崩壊を早く察知し，1990年12月に大浦による社内への警告が発せられたのには驚く．その時に「ADVANTEST 50th」によると大浦は「無駄な経費を省き，利益を増やそう」と全社に訴えている．

　そして早い段階でキャッシュフロー経営を取り入れ，実施している．結果1998年にはアドバンテストの最高益を出している．

　先端技術開発型企業でありながら，日本的経営の側面ももち，1996年には役員が全グループ社員を接待するというパーティーを開催している．

　また，グローバル化を推進し，ヨーロッパ，アジア，アメリカと海外拠点を

多く展開している.これからもベンチャー企業の成功会社として注目していきたいと考える.

参考文献)
ADVANTEST〔2004〕*50th anniversary*, ADVANTEST
ADVANTEST〔2005〕*Corporate Profile*, ADVANTEST
ADVANTEST〔2005〕*ANNUAL REPORT 2005 financial*, ADVANTEST
ADVANTEST〔2005〕*ANNUAL REPORT 2005 Strategy & Management*, ADVANTEST

第14章

ベンチャー企業の起業成功例3

——メガチップス——

◆ はじめに

　ベンチャー企業を起業し，IPOまで至る会社は1,000に一つといわれている．それだけ厳しい環境の中で本章で取り上げるメガチップスは起業以来，わずか8年で株式店頭公開へ達している．メガチップスは先端技術開発型の最先端を走るベンチャー企業であり，コアコンピタンスはデジタル技術とブロードバンドの融合である．起業後，わずか7年で台湾に進出し，13億の中国市場への取り掛かりをもった．そして，10年経って東京証券取引所市場第一部に上場するに至り，ベンチャー企業の出口経営戦略の成功を手に入れた．

　LSI事業をコアに成長させ，2004年にはライブカメラ「Surfeel mloli」をコンシューマー製品の第一号として世に出した．メガチップスの2005年以降のビジョン改定は，画像，音声，通信などの基本技術を活用し，シナジーを期待できる分野への進出である．

　メガチップスは，日本のベンチャー企業であるソニー，ホンダ，キャノン，オムロン，フェローテック，ジャストシステムに並び今後それを越えていく可能性を秘めていると考えられる．メガチップスの経営スタイルは，ファブレスメーカーとして一貫して自社工場をもたず，生産を委託する型である．これ

は，巨額の設備投資，固定費の大幅な削減に成功する経営戦略と考えられる．

メガチップスはファブレスメーカーとして，ナレッジマネジメントにより成長を続けている．メガチップスはCSRC（企業の社会的責任）の一環としてインキュベーション活動を東京都内で行っている．まさに成功したベンチャー企業によるアントレプレナー，ベンチャー企業に対するエンジェル，メンター活動である．

1. メガチップスの起業とスタートアップ期

Mega Chips Corporation Investor Relations〔2005〕によると，メガチップスアントレプレナーである進藤晶弘は1990年に大阪でメガチップスを起業した．メガチップスは，システムLSIの分野で創造的な技術開発力を競争力とする研究開発型ファブレスハイテク企業を目指して起業した．1991年にはコンシューマーのニーズに合わせた顧客LSI（ASIC）事業を開始した．1995年には，自社ブランドの特定用途向上LSI（ASSP）事業を開始した．

進藤晶弘は，三菱電機，リコーを経ての起業であり，特にリコーにおいては，半導体研究所長など半導体のプロとして活躍した経験をもっていた．シリコンバレーのベンチャー企業の経営スタイルを参考にし，台湾マクロニクス社へ製造を委託した．

メガチップスは起業当初，オフィスが借りられず，パソコンを抱えて公民館を転々としたり，銀行口座開設を断られたりと苦労も味わった．出口経営戦略として1998年に株式店頭公開し，2000年には東京証券取引所第1部にIPOした．

2. メガチップスのビジョンと起業活動

メガチップスのグループ戦略は，松岡茂樹・肥川哲士・鵜飼幸弘〔2005〕に

よると，ビジョンは「画像，音声，通信分野での技術力を強みに，10年，20年先も成長を継続できる企業グループを目指す」である．

グローバル他の中で，メガチップスは2005年，拡大が見込まれる中国市場を中心としたアジア太平洋地域における事業拡大に向け，台湾のMacronix International Co., Ltdに資本参加するとともに，戦略的な業務提携を結んだ．13億の人口を擁する中国では，ブロードバンドの普及をはじめとするインターネット環境の整備が進む一方で，2004年には携帯電話の加入者数が3億3千万人を越えるなど，デジタル家電や情報機器の需要が年々増加している．

中長期的戦略では，経営資源配分を最適化し，各事業会社に事業執行の権限を全面的に委ねることで責任の明確化を行い，グループ全体のスピーディで効率的な経営を実現するために，2004年4月より純粋持株会社体制に移行した．2004年10月にグループのシナジー効果の薄れてきたオディオ・オーサリング事業会社を売却し，グループの強みを活かせるコア事業領域に経営資源を集中させた．

中長期経営戦略におけるグループ目標を，図表14―1にて提示する．

3．メガチップスの財務

メガチップスは松岡に率いられている．さらに，メガチップスシステムソリューションは肥川，メガチップスLSIソリューションズは鵜飼に率いられている．メガチップスグループは，純粋持株会社制へと移行し，「選択と集中」を進めると同時に，成長が見込めると判断した重点領域で成長戦略を再構築し推進した．また，オーディオ・オーサリング事業会社を売却して，LSI事業とシステム事業の2事業に特化したグループ組織とした．

LSI事業では，顧客専用LSI（ASIC）については，従来の携帯型ゲーム機向けLSIに加え，新携帯型ゲーム機向けLSIを製品化することで需要の増加に対応することができた．特定用途向けLSI（ASSP）については，デジタルカメ

第 14 章　ベンチャー企業の起業成功例 3

図表14―1　新中期経営計画におけるグループ目標（2006年3月期～2008年3月期）

2008 年 3 月期　目標
連結売上高 ……………… 570 億円
営業利益 ………………… 60 億円
売上高営業利益率 ………10 億円

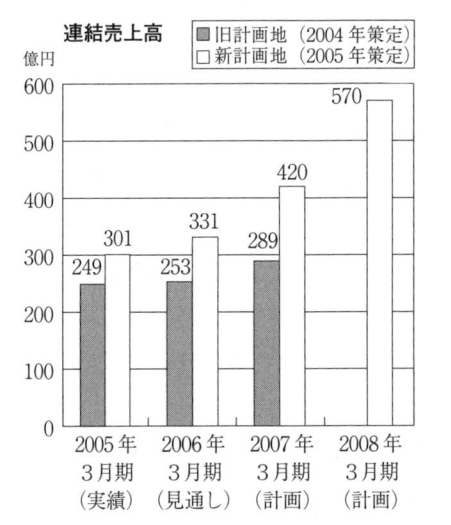

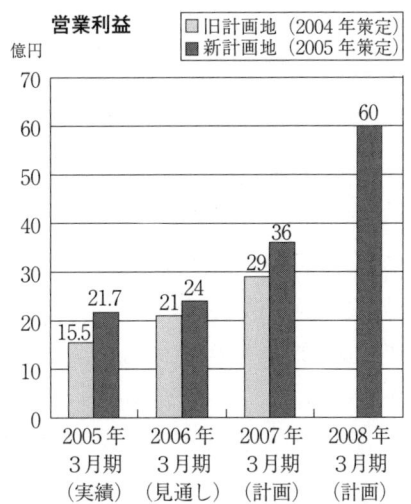

連結売上高（億円）
■旧計画地（2004 年策定）
□新計画地（2005 年策定）

- 2005 年 3 月期（実績）: 249
- 2006 年 3 月期（見通し）: 253 / 301
- 2007 年 3 月期（計画）: 289 / 331
- 2008 年 3 月期（計画）: 420 / 570

営業利益（億円）
□旧計画地（2004 年策定）
■新計画地（2005 年策定）

- 2005 年 3 月期（実績）: 15.5
- 2006 年 3 月期（見通し）: 21 / 21.7
- 2007 年 3 月期（計画）: 29 / 24
- 2008 年 3 月期（計画）: 36 / 60

事業別売上高構成比

事業バランスの適正化
ASIC, ASSP, システムを収益の3つの柱とし経営環境の変化に左右されない継続成長の事業基盤を確立する．

CSR の推進
すべてのステークホルダーに対して社会的責任を果たしていく．

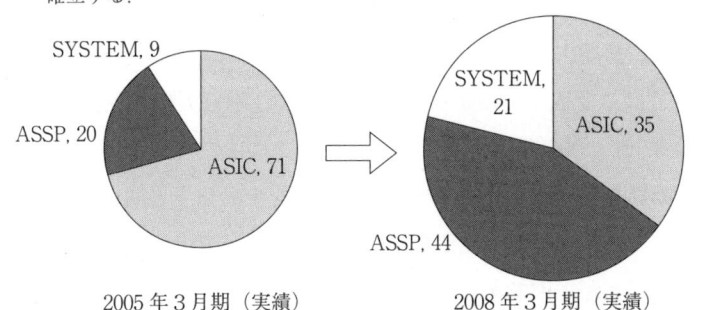

2005 年 3 月期（実績）: SYSTEM, 9 / ASSP, 20 / ASIC, 71

2008 年 3 月期（実績）: SYSTEM, 21 / ASIC, 35 / ASSP, 44

出所）メガチップス〔2005：5〕

ラ向けLSIは堅調であったものの，携帯電話向けLSIが主要供給先である韓国の景気が急速に冷え込んだことによる在庫調整から下期（2005年3月期の出荷が伸び悩み，売上高は前年より減少した．結果，LSI事業の売上高は270億5,700万円（前期比18.5％増），営業利益26億6,900万円（同24.5％減）となった．

システム事業ではセキュリティ・モニタリング分野をコアビジネスと位置づけ，顧客専用画像機器の開発と市場投入を進めるとともに，この分野に特化した高性能画像圧縮エンジン（SRVC）の開発と同エンジンを搭載したシステム製品の市場投入などを図った．コンシューマー向け製品であるネットワークカメラを市場に投入し，さらに経営効率化の効果もあり，システム事業の売上高は，25億4,800万円（前期比40.3％増），営業損失は，4億5,700万円（前期は9億4,700万円の営業損失）となり，2007年3月期の黒字に向け損益改善を進めた．その結果，メガチップスグループの2005年3月期の業績は，売上高301億2,200万円（前期比16.4％増），営業利益21億7,300万円（同44.0％増），当期純利益11億7,500万円（同318.9％増）と増収増益となった．

財務の概況は，2005年3月期段階で現金および現金同等物は，税金等調整前当期純利益が20億1,800万円（前年同期比141.7％増）となった．前期実施した売掛債権の流動化を当期ことに伴い，売上債権が前年同期より59億2,500万円増加したことにより，前期末に比べ37億1,900万円減少し，80億1,500万円となった．

流動資産は，前期末に比べ19億9,900万円増加し188億7,200万円となり，主な増減項目は，受取手形および売掛金の58億1,900万円の増加と，現金および預金の37億1,900万円の減少となった．これらの増減は，前期に持株会社の手元流動性を高めるために実施した売掛債権流動化を当期は実施しなかったことにより，前期末に比べ売掛金残高が増加する一方で，現金および預金残高が減少したことが主因である．

固定資産は，長期定期預金の預入等の増加により，4億1,500万円増加し，

17億2,600万円となった．総資産は，前期末と比べて24億1,400万円増加し，205億9,800万円となった．流動負債は，未払法人税等の増加により，前期末に比べ約15億7,100万円増加し，42億8,800万円となった．営業キャッシュフローは，税金等調整前当期純利益が20億1,800万円と前期と比較して増加したが，売掛債権の増加により，30億6,800万円の支出であった．投資キャッシュフローは，連結子会社売却による収入があるが，定期預金の預入による支出，有形固定資産，無形固定資産の取得および長期前払費用の取得等があり，4億円の支払いにより，2億5,200万円の支出となった．[1]

4．メガチップスの営業および財務状況

　売上高については映像，音楽等のメディアのデジタル化とブロードバンドネットワークや第三世代携帯電話網の普及により，情報通信分野におけるメガチップスの活躍の場が拡大している．この成長分野に向けて高機能のデジタルカメラ向けシステム LSI の開発と販売，またセキュリティ・モニタリング用途に利用されるデジタル映像伝送，記録を中心にしたシステム製品の開発と販売に力を入れてきた．2005年3月期の連結売上高は，301億2,200万円（前期比16.4％増）となった．[2] 2001年から2005年までの財務データを図表14－2にて提示した．

　連結売上原価は，240億7,000万円となり，原価率は原価率の低い特定用途向け LSI (ASSP) の需要が減少したことにより，前期と比較して1.8ポイント悪化し，79.9％となった．しかし売上高が増加した結果，売上総利益は60億5,200万円（前期比6.9％増）となった．販売費および一般管理費は，2004年より移行した純粋持株会社体制の下，経営資源の効率的な配分と各事業の効率化による収益力の強化を行い，2億7,300万円 (6.6％) 減少となった．[3]

　図表14－3にてメガチップスの財務状況を提示する．また図表14－4にて同連結貸借対照表を提示した．

図表14—2　5カ年の主要財務データ

株式会社メガチップスおよび連結子会社
3月31日に終了した5年間

	単位：百万円（1株当たり情報を除く）						単位：千米ドル（注Ⅰ）
	2001	2002	2003	2004 (注Ⅲ)	2004 (注Ⅳ)	2005	2005
会計年度							
売上高…………	¥53,851	¥36,899	¥29,056	¥25,879	¥25,879	¥30,122	$280,495
顧客専用LSI（ASIC）	43,323	28,899	19,351	16,184	16,184	21,033	195,854
特定用途向LSI（ASSP）	4,107	3,715	6,047	6,640	6,640	6,021	56,070
その他LSI………	615	0	39	3	3	3	27
産業用システム…	2,232	2,351	1,593	1,614	1,614	2,379	22,154
民生用システム…	1,114	70	447	42	42	94	878
その他システム（注Ⅱ）………	2,460	2,012	1,579	1,396	160	74	692
オーディオ・オーサリング（注Ⅱ）…	—	—	—	—	—	—	—
売上原価…………	47,226	30,164	23,312	20,219	20,219	24,070	224,143
販管費及び一般管理費………	3,319	3,891	4,003	4,151	4,151	3,879	36,117
営業利益…………	3,306	3,891	4,003	4,151	4,151	3,879	36,117
当期純利益………	1,866	1,647	192	280	280	1,175	10,939
研究開発費………	1,115	1,602	1,235	1,629	1,629	1,704	15,868
LSI事業………	553	729	738	1,197	1,197	1,487	13,849
システム事業……	562	873	497	432	432	217	2,019
会計年度末							
総資産…………	¥21,639	¥20,713	¥19,996	¥18,183	¥18,183	¥20,598	$191,803
株主資本…………	14,625	16,053	15,430	15,372	15,372	16,262	151,434
従業員数…………	193	245	255	199	199	175	175
			単位：円			単位：米ドル（注Ⅰ）	
1株当たり情報							
当期純利益………	¥75.87	¥67.02	¥7.85	¥10.09	¥10.09	¥44.73	$0.42
当期純利益—希薄化後…	—	—	—	—	—	—	—
株主資本…………	595.04	653.14	632.95	607.49	607.49	642.13	5.98
配当金…………	10.00	10.00	10.00	10.00	10.00	15.00	0.14
			単位：株			単位：株	
期末発行済株式総数	24,661,017	24,661,017	24,661,017	25,939,217	25,939,217	25,939,217	25,939,217

注1）米ドル金額は便宜上，2005年3月日31日現在の1米ドル＝107.39円で換算している．
注2）従来，「LSI事業」，「システム事業」の区分によっていたが，2004年4月，株式会社メガチップスシステムソリューションズの「オーディオ・オーサリング事業」セグメント（その他システム）から切り離し，「オーディオ・オーサリング事業」セグメントを新設した．2004年10月29日付，株式会社カメオインタラクティブをイーフロンティアグループへ売却した．このため，当期オーディオ・オーサリング事業の上半期業績のみを報告範囲に含めている．
注3）変更前の事業区分による数値
注4）変更後の事業区分に組み替えた数値

第14章　ベンチャー企業の起業成功例3　195

図表14—3　メガチップスの財務状況

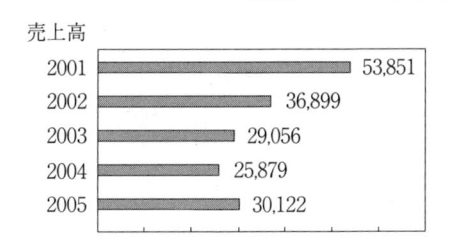

売上高
- 2001　53,851
- 2002　36,899
- 2003　29,056
- 2004　25,879
- 2005　30,122

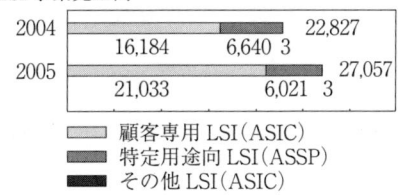

LSI事業売上高
- 2004　22,827（16,184 / 6,640 / 3）
- 2005　27,057（21,033 / 6,021 / 3）

凡例：
- 顧客専用LSI（ASIC）
- 特定用途向LSI（ASSP）
- その他LSI（ASIC）

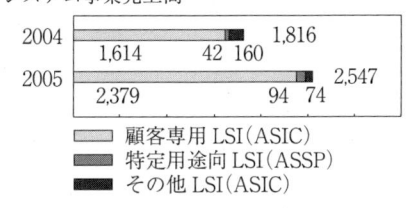

システム事業売上高
- 2004　1,816（1,614 / 42 / 160）
- 2005　2,547（2,379 / 94 / 74）

凡例：
- 顧客専用LSI（ASIC）
- 特定用途向LSI（ASSP）
- その他LSI（ASIC）

オーディオ・オーサリング事業売上高
- 2004　1,236
- 2005　518

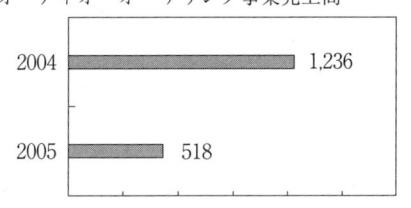

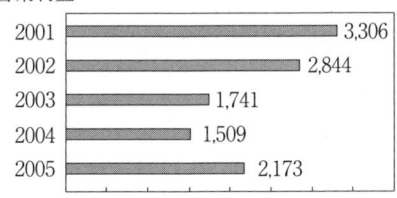

営業利益
- 2001　3,306
- 2002　2,844
- 2003　1,741
- 2004　1,509
- 2005　2,173

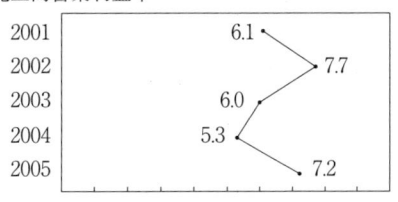

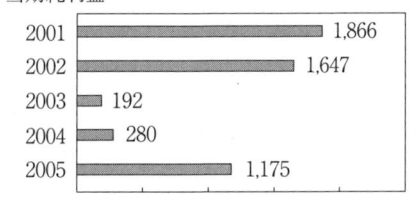

売上高営業利益率
- 2001　6.1
- 2002　7.7
- 2003　6.0
- 2004　5.3
- 2005　7.2

当期純利益
- 2001　1,866
- 2002　1,647
- 2003　192
- 2004　280
- 2005　1,175

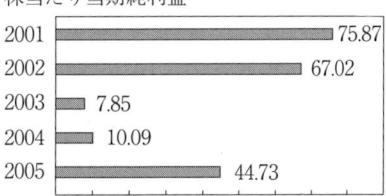

1株当たり当期純利益
- 2001　75.87
- 2002　67.02
- 2003　7.85
- 2004　10.09
- 2005　44.73

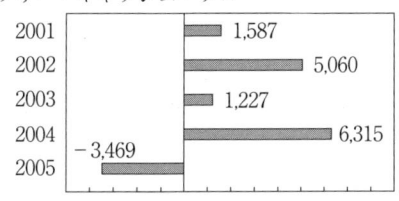

フリー・キャッシュ・フロー
- 2001　1,587
- 2002　5,060
- 2003　1,227
- 2004　6,315
- 2005　-3,469

出所）メガチップス〔2005：21-23〕

図表14—4　メガチップスの連結貸借対照表

株式会社メガチップスおよび連結子会社
2004年および2005年の3月31日現在

	単位：千円		単位：千米ドル（注1）
資産	2005	2004	2005
流動資産			
現金及び預金	¥8,015,261	¥11,734,447	$74,637
債権			
営業債権			
受取手形	88,047	65,265	820
売掛金	9,369,968	3,573,813	87,252
その他の債権	12,258	60,253	114
貸倒引当金	(1,627)	(1,805)	(15)
たな卸資産	628,318	1,203,521	5,851
繰延税金資産	262,027	61,885	2,440
その他の流動資産	497,390	175,132	4,631
流動資産合計	18,871,642	16,872,511	175,730
投資その他の資産			
投資有価証券	168,688	194,241	1,571
関係会社投資	28,488	58,536	265
長期前払費用	134,585	170,506	1,253
長期性預金	500,000	—	4,656
差入保証金	263,656	265,623	2,455
繰延税金資産	281,854	20,346	2,625
その他の投資		36,201	189
貸倒引当金	(2,846)	(18,691)	(26)
投資その他の資産合計	1,394,771	706,416	12,988
有形固定資産			
土地	—	104,677	—
建物	175,896	430,030	1,638
工具器具備品	135,864	131,949	1,265
	311,760	666,656	2,903
減価償却累計額	(149,986)	(285,871)	(1,396)
有形固定資産合計	161,774	380,785	1,507
無形固定資産	169,502	223,483	1,578
資産合計	¥20,597,689	¥18,183,195	$191,803

第14章 ベンチャー企業の起業成功例3　197

	単位：千円		単位：千米ドル（注1）
負債および資本	2005	2004	2005
流動負債			
債務			
買掛金	¥2,240,761	¥2,013,337	$ 20,866
設備未払金	8,950	4,494	83
その他の未払金	345,691	458,075	3,219
未払費用	235,467	208,561	2,193
未払法人税等	1,385,469	6,055	12,901
前受金	9,975	887	93
その他の流動負債	61,740	25,405	575
流動負債合計	4,288,053	2,716,814	39,930
固定負債			
繰延税金負債	–	24,609	–
その他の固定負債	47,157	70,086	439
負債合計	4,335,210	2,811,509	40,369
資本			
資本金			
授権株式数－40,000,000株			
発行済株式数－25,939,217株	4,840,313	4,840,313	45,072
資本余剰金	6,181,300	6,181,300	57,559
利益余剰金	6,543,168	5,650,019	60,929
その他有価証券評価差額金	819	2,835	8
自己株式			
（2004年3月末 683,176株 2005年3月末 683,493株）	(1,303,121)	(1,302,781)	(12,134)
資本合計	16,262,479	15,371,686	1,514,343
負債及び資本合計	¥20,597,689	¥18,183,195	$ 191,803

出所）メガチップス〔2005：28-29〕

図表14—5　メガチップスの連結損益計算書

株式会社メガチップスおよび連結子会社
2004年3月31日および2005年3月31日に終了する連結会計年度

	単位：千円		単位：千米ドル（注1）
	2005	2004	2005
売上高	¥30,122,391	¥25,878,984	$ 280,495
売上原価	24,070,739	20,218,952	224,143
売上総利益	6,051,652	5,660,032	56,352
販売費及び一般管理費	3,878,621	4,151,454	36,117
営業利益	2,173,031	1,508,578	20,235

その他の収益（費用）			
受取利息及び受取配当金 ………	2,260	202	21
支払利息 ……………………………	－	(2,195)	－
その他 ………………………………	(157,152)	(671,772)	(1,463)
	(154,892)	(673,765)	(1,442)
税金等調整前当期純利益 …………	2,018,139	834,813	18,793
法人税等			
当年度分 ……………………………	1,348,685	145,567	12,559
調整額 ………………………………	(505,306)	731,594	(4,705)
法人税等合計 ………………………	843,379	877,161	7,854
少数株主損益 …………………………	－	(322,778)	－
当期純利益 ……………………………	¥1,174,760	¥280,430	$10,939
	単位：円		単位：米ドル(注1)
1株当たり当期純利益 ………………	¥44.73	¥10.09	$0.42
1株当たり配当金 ……………………	15.00	10.00	0.14

出所）メガチップス〔2005：30〕

第14章　ベンチャー企業の起業成功例3　199

図表14—6　メガチップスの連結キャッシュ・フロー計算書

株式会社メガチップスおよび連結子会社
2004年3月31日および2005年3月31日に終了する連結会計年度

	単位：千円		単位：千米ドル（注1）
	2005	2004	2005
営業活動によるキャッシュ・フロー			
税金等調整前当期純利益 …………	¥2,018,139	¥834,813	$18,793
税金活動による純キャッシュ・フローへの調整：			
減価償却費 ………………………	224,194	277,522	2,088
固定資産除却費 …………………	1,468	46,511	14
固定資産売却費 …………………	30,340	2,788	283
固定資産売却益 …………………	(11,132)	—	(104)
貸倒引当金の増加額（減少額）…	(6,224)	20,372	(58)
従業員賞与引当金の増加額(減少額)…	30,297	(6,794)	282
受取利息及び受取配当金 ………	(2,260)	(202)	(21)
投資事業組合損失 ………………	7,533	22,882	70
支払利息 …………………………	—	2,195	—
関係会社投資評価損 ……………	—	32,511	—
投資有価証券売却益 ……………	(17,731)	(30,648)	(165)
関係会社生産差益 ………………	—	(11,307)	—
システム製品処分損 ……………	13,445	212,630	125
資産及び負債の変動			
減少（増加）			
売上債権 ………………………	(5,924,757)	4,363,965	(55,171)
たな卸資産 ……………………	468,098	1,500,172	4,359
その他の流動資産 ……………	(224,394)	190,620	(2,090)
役員賞与の支払額 ………………	(29,000)	—	(270)
その他 ……………………………	62,135	18,936	579
	(3,119,472)	6,178,603	(29,04)
利息及び配当金の受取額 …………	1,809	202	17
利息の支払額 ………………………	—	(2,195)	—
法人税等の還付額（支払額）………	49,326	(542,303)	459
営業活動による純キャッシュ・フロー …	(3,068,337)	6,174,307	(28,572)
投資活動によるキャッシュ・フロー			
定期預金の預入による支出 ………	(500,000)	—	(4,656)
投資有価証券の取得による支出 …	(15,000)	—	(140)
投資有価証券の売却による収入 …	36,231	106,255	337
関係会社投資の取得による支出 …	—	(20,048)	—
関係会社の精算による収入 ………	—	130,905	—
連結子会社売却による収入 ………	207,692	—	1,934
出資金の分配による収入 …………	12,611	2,332	118
有形固定資産の取得による支出 …	(40,778)	(22,968)	(380)
有形固定資産の売却による収入 …	1,300	1,180	12
無形固定資産の取得による支出 …	(50,700)	(82,685)	(472)

無形固定資産の売却による収入	11,372	40	106
長期前払費用の取得による支出	(88,795)	(74,678)	(827)
保証金の支出	(1,367)	(3,552)	(13)
保証金の返還による収入	1,767	104,161	17
貸付による支出	(377,250)	—	(3,513)
貸付金回収による収入	402,601	—	3,749
投資活動による純キャッシュ・フロー	(400,316)	140,942	(3,728)
財務活動によるキャッシュ・フロー			
短期借入金の純減少額	—	(50,000)	—
自己株式の純増加額	(390)	(415,443)	(3)
配当金の支払額	(251,158)	(242,436)	(2,339)
財務活動による純キャッシュ・フロー	(251,548)	(707,879)	(2,342)
現金及び現金同等物の換算差額	1,015	(10,088)	10
現金及び現金同等物の純増減額(減少額)	(3,719,186)	5,597,282	(34,632)
現金及び現金同等物の期首残高	11,734,447	6,337,127	109,269
連結子会社減少による献金及び現金同等物の減少額	—	(199,962)	—
現金及び現金同等物の期末残高	¥8,015,261	¥11,734,447	$74,637

出所) メガチップス〔2005:32〕

5. キャッシュフロー

　2005年3月期のメガチップスにおける連結ベースの現金および現金同等物は税金調整前当期純利益が20億1,800万円（前期比141.7％増）となった．売上債権が前年同期より59億245万円増加したこと等により，前期末に比べ37億1,900万円減少し，80億1,500万円となっている．営業活動によるキャッシュフローは，30億6,800万円の使用となった．投資活動によるキャッシュフローは，4億円の使用（前期は1億4,100万円）となり，これは定期預金の預入による支出が5億円，連結子会社売却による収入が2億800万円あったことによる．よって，営業活動によるキャッシュフローと投資活動によるキャッシュフローを合算したフリーキャッシュフローは，34億6,900万円であった[4]．

◆ おわりに ・・・・・・・・・・・・・・・・・・・・・・・・・・

　アントレプレナー進藤晶弘〔2005〕は1990年4月4日に「株式会社メガチップス」として，システムLSIの分野で創造的な技術開発力を競争力とする研究開発型ファブレスハイテク企業を目指して起業した．

　メガチップスは，ベンチャー企業の定義である果敢に挑戦する先端技術開発型企業として，出口経営戦略であるIPOを達成し，現在も急成長している．

　進藤によるリーダーシップとアントレプレナーシップで，ベンチャー企業の代表的成功例として今後も注目される企業になると考えられる．IPO会社として社会に貢献するCSR活動，地球環境保全活動を行っている．特に注目したい活動のなかに，インキュベーション活動がある．東京に一番町インキュベーションセンターを置き，成功したベンチャー企業が，次を担う新しいアントレプレナー，ベンチャー企業を育てる活動をしている．これは，アメリカ，シリコンバレー型ベンチャー企業といえる．今後もメガチップスのエンジェル，メンター活動に注目し，成長し世界的大企業になるのを見届けたいと考える．

注）
1）メガチップス〔2005〕ANNUAL REPORT　pp.8～9
2）同上書　p.21
3）同上書　p.22
4）同上書　p.23

参考文献）
メガチップス〔2004〕MCC IR Vol.03
メガチップス〔2005〕MCC IR Vol.04
メガチップス〔2005〕ANNUAL REPORT 2005
メガチップス〔2005〕Group Profile

第15章

ベンチャー企業の起業成功例4

―― フュートレック ――

◆ **はじめに** ・・・・・・・・・・・・・・・・・・・・・・

　日本で最も新しいベンチャー企業であるフュートレックは藤木英幸に率いられ急成長を続けている．藤木〔2005〕によるとフュートレックの経営理念として「人々の生活を，より快適で豊かにするための商品，サービスを企画，開発し提供すること」とした．またその経営理念に基づく発想であれば，どのようなアイデアも受け入れ，スピーディーに具体化するとした．

　経営戦略論のなかで必要不可欠であるビジョン，シナジー，イノベーション，コア・コンピタンスをもち，2000年以来，5年というハイスピードでIPOに至る日本を代表するベンチャー企業といえる．早いIPOという出口経営戦略を達成し，入口から出口に到達したフュートレックは，今後どのような経営戦略を駆使するのか見届けたいと考える．

　また本章の目的である財務，組織を，どのように展開しているか資料をもちいて提示し，今後の成長企業の経営分析につながるようにしたい．

　ベンチャー企業を語るうえで忘れてならないのは，定義である．ベンチャー企業の定義は「果敢に挑戦する先端技術開発型の企業」である．それは先端技術に基づいた製品開発であり，その結果が製品として「もの」になることが重

要と考える．失われた15年を取り返すのが，フュートレックなどの，先端技術開発力と考える．

1. フュートレックのスタートアップ

　フュートレックは2000年に大阪市に起業されたベンチャー企業である．ベンチャー企業の出口経営戦略であるIPOまで，わずか5年というスピードで到達した．まさに新しいベンチャー企業といえる．フュートレックは携帯機器におけるビジネスモデルの提案から具現化まで，システムLSIの設計技術ノウハウをいかしたIPを主な事業内容としている．起業後，早くから大手携帯電話機器メーカー，その他の企業と業務提携しIP事業と確立させていった．

　2001年には，同じくベンチャー企業の成功例のソニーとメモリースティックのROMの共同開発を行った．また携帯電話用音源IPを販売開始した．2002年にはメモリースティックROMの製造権，販売権を獲得した．

　2003年には，インストームへ資本参加，インデックスよりバウリンガルコネクトカードを受注し急成長した．

2. フュートレックの経営戦略

　フュートレックのビジョンは，ケータイの未来を開くことである．携帯電話は，人々の生活から切り離すことのできない大切なコミュニケーションツールとして広く普及している．しかし携帯電話の可能性については，まだほんの一部分だけが実現しているに過ぎず，その可能性は無限大といえる．

　フュートレックは，着メロなどに使われるLSI設計データ，組み込みソフトウェアをIP化して提供する事業，携帯電話の新しい利用法，利便性を追求し，より新しいアプリケーション商法を企画，開発，提供するイノベーター企業として成長している．図表15—1にて携帯電話産業の構造を提示する．

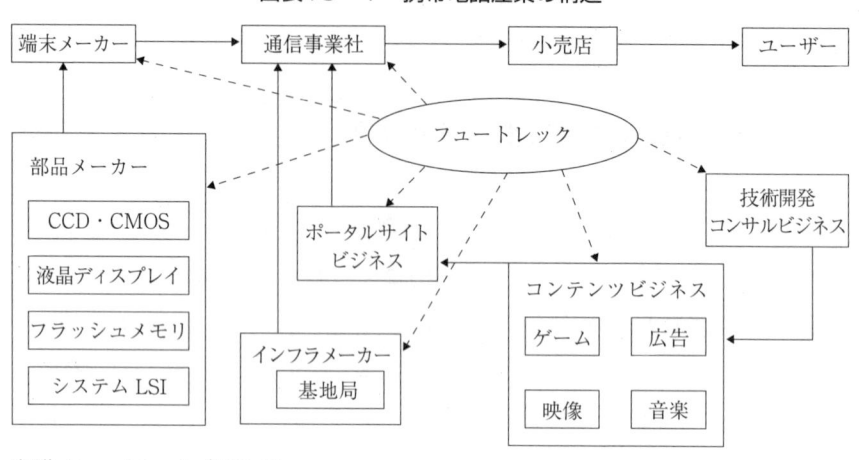

図表15—1　携帯電話産業の構造

```
端末メーカー → 通信事業社 → 小売店 → ユーザー

部品メーカー
  CCD・CMOS
  液晶ディスプレイ
  フラッシュメモリ
  システムLSI

フュートレック

ポータルサイトビジネス

インフラメーカー
  基地局

コンテンツビジネス
  ゲーム  広告
  映像    音楽

技術開発コンサルビジネス
```

出所）フュートレック〔2005：1〕

3．フュートレックIP戦略とコア・コンピタンス

　フュートレック〔2005〕によると，携帯電話の価値を決定するようなサービスも，そのコンテンツ（右脳）と携帯電話を構成するハードウェアとソフトウェア（左脳）を結びつけるシステムLSI，組み込みソフトウェアが備わってはじめて実現できる．フュートレックのコア・コンピタンスは，IP（Intellectual Property：知的財産権）化したLSI設計データ，組み込みソフトウェアである．

　フュートレックの大きな特徴がIP事業であり，特定の機能をもつLSI設計データ，組み込みソフトウェアをIP化し，携帯端末メーカーなどへライセンス供給している．通常，携帯端末メーカーが自社製品を製造する場合には全体的な設計図を作成し，同時に回路設計図も作成する．しかしフュートレックのIP設計図を活用することにより，回路設計図を作成する手間とコストを大幅に削減することが可能となった．

　IP事業の強みは，携帯端末メーカーなどへのLSI設計データ，組み込みソ

図表15—2　フュートレックのIP事業系統図

フュートレック　LSI，ソフトウェアの開発設計
- 積極的な企画・提案
- 開発
- ドキュメント（仕様書・取扱説明書）
- LSI設計データ・組み込みソフトウェア

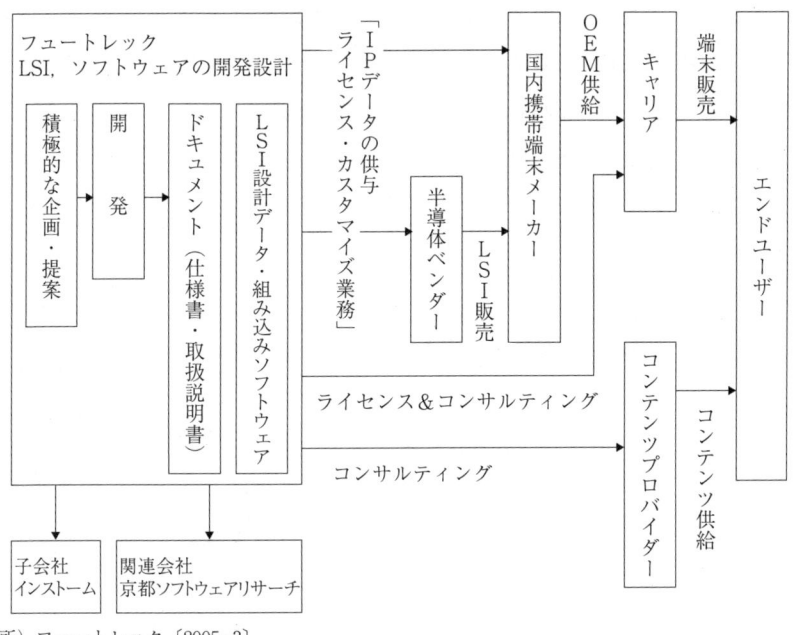

「IPデータの供与ライセンス・カスタマイズ業務」→ 国内携帯端末メーカー → OEM供給 → キャリア → 端末販売 → エンドユーザー

半導体ベンダー → LSI販売 → 国内携帯端末メーカー

ライセンス＆コンサルティング → コンテンツプロバイダー → コンテンツ供給 → エンドユーザー

コンサルティング

子会社　インストーム
関連会社　京都ソフトウェアリサーチ

出所）フュートレック〔2005：3〕

フトウェアの使用許諾契約時に発生するライセンスフィーと製品出荷台数に応じて発生するランニングロイヤルティを収益としていることにある．これにより他の設計データ開発会社のような製造に伴う設備投資等のリスクがない[2]．図表15－2にてフュートレックのIP事業系統図を提示する．

4．フュートレックの事業戦略

　フュートレックには，前項のIP事業のほか，コンテンツカード事業と高付加価値事業がある．①コンテンツカード事業は携帯電話に搭載されているカードスロットに，ゲームコンテンツなどを記録させたメモリーカードを差し込むことで，ダウンロードで得る方式のコンテンツに比べ，より多くの魅力的な

コンテンツを楽しむことができる．メモリーカードの差し替えだけで簡単に交換できるので，メモリー容量も気にする必要はない．②高付加価値事業はIT社会といわれる現在，商品の大半に半導体部品が搭載されている．新しい商品を開発することは，すなわち新しい半導体部品を設計することであり，ここにフュートレックのシステムLSI設計技術が必要となる．このように大手企業の受託設計に関わる事で，フュートレックの次のIPの種を見つけるという事が高付加値事業のミッションでもある．[3]

5．フュートレックのコーポレートガバナンス

フュートレック〔2005〕によると，コーポレートガバナンスに関する基本的な考え方として，Free，Fair，Grobalの環境下における企業経営は透明性，公平さ，スピードが必要とされる．企業価値の増大を図ることが使命であり，そのベースとして，法令違反の発生を予防，防止し経営の適法性を確保するためにコーポレートガバナンスの強化，充実が必要である．また株主，取引先，コンシューマーに対するディクスロージャーの徹底を行うとともに企業統治に必要な社内組織を敷いている．[4] 図表15—3にてコーポレートガバナンスを提示する．

第15章 ベンチャー企業の起業成功例4　207

図表15—3　フュートレックのコーポレートガバナンス

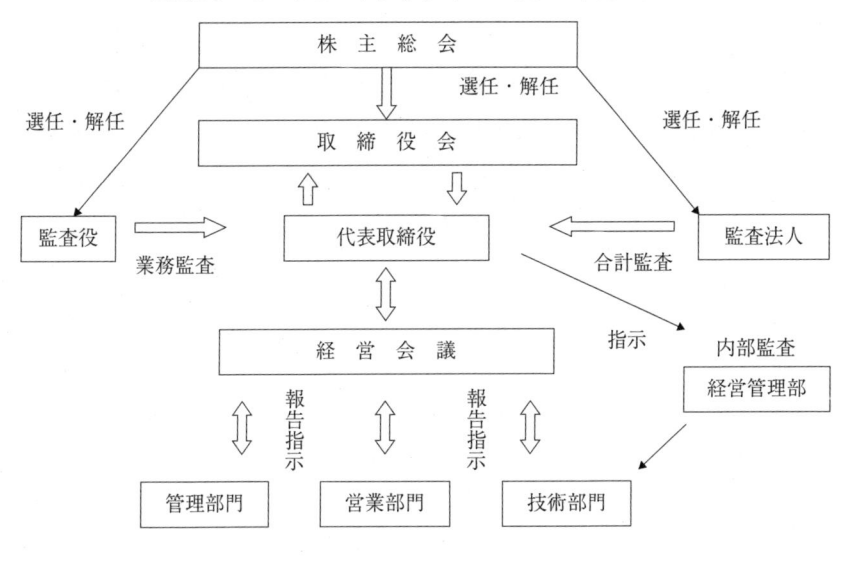

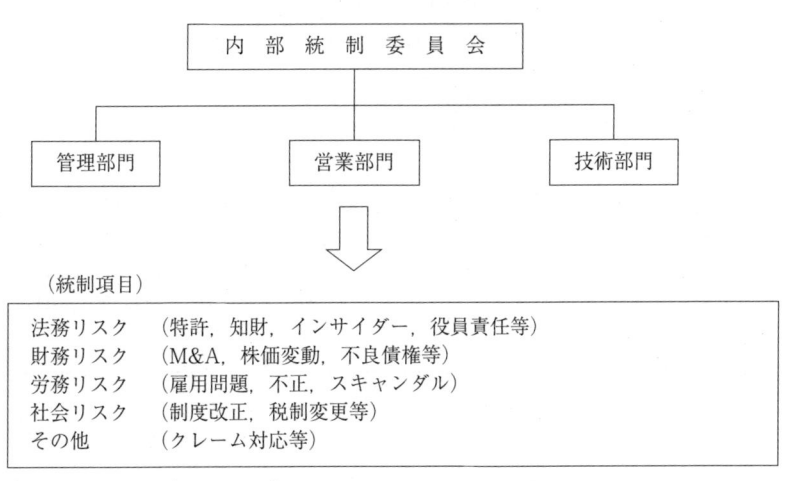

```
                        株 主 総 会
    選任・解任           ↓  選任・解任          選任・解任
    ↓                取 締 役 会                ↓
                     ↑         ↓
  監査役  ⇒         代表取締役        ⇐    監査法人
         業務監査    ↕            合計監査
                  経 営 会 議      指示    内部監査
              ↕  報告  ↕  報告  ↕              経営管理部
                 指示     指示
              管理部門  営業部門  技術部門
```
- -
```
              内 部 統 制 委 員 会
         ┌───────┼───────┐
      管理部門    営業部門    技術部門
                   ↓
```

（統制項目）
法務リスク	（特許，知財，インサイダー，役員責任等）
財務リスク	（M&A，株価変動，不良債権等）
労務リスク	（雇用問題，不正，スキャンダル）
社会リスク	（制度改正，税制変更等）
その他	（クレーム対応等）

出所）フュートレック〔2005：41-42〕

◆ おわりに ・・・・・・・・・・・・・・・・・

　フュートレックは2005年にマザーズにIPOした．上場時発行済み株式数22,640，公募株式数2,800，売り出し株式数1,300であった．日本の失われた15年の最後に希望の光を与えてくれるIPOになったといえる．主力商品は，本章でふれたが，携帯電話機の着信メロディーを処理する音源LSI（大規模集積回路）の設計データ開発である．

　このLSIの設計図をライセンス化して，半導体メーカーや携帯電話メーカーに販売しており，海外との取引も拡大中である．藤木に率いられた，新進のベンチャー企業として，これからの発展が期待される．最後にフュートレックの財務諸表等は資料として，最終ページに提示した．

注）
1) フュートレック〔2005〕Company Profile, p.1
　　フュートレックは携帯電話を通して，より楽しく，便利，簡単で豊かな生活の実現に貢献したいと考えている．
2) フュートレック〔2005〕Company Profile, pp.3-4
　　フュートレックはIP事業以外にも3D音響IPなど最先端技術をもっている．
3) フュートレック〔2005〕Company Profile, p.6
　　現在，パケット定額制の移行に伴い，通信キャリア側では，過度のダウンロード通信利用による設備経費増大を抑制する狙いもあり，メモリーカード形式のコンテンツ提供を推し進める状況にあり，成長事業として確立しつつある．
4) フュートレック〔2005〕「新株式発行並びに株式売出届出目論見書」p.41

参考文献）
フュートレック〔2005〕*Company Profile*，フュートレック
フュートレック〔2005〕新株式発行並びに株式売出届出目論見書，フュートレック
フュートレック〔2005〕新株式発行並びに株式売出届出目論見書の訂正事項分第2回訂正分，フュートレック
フュートレック〔2005〕DATA BOOK，フュートレック

〔財務資料〕

1 【連結財務諸表等】

(1) 【連結財務諸表】

① 【連結貸借対照表】

区分	注記番号	前連結会計年度 (平成16年3月31日) 金額(千円)	構成比 (%)	当連結会計年度 (平成17年3月31日) 金額(千円)	構成比 (%)
(資産の部)					
Ⅰ 流動資産					
1．現金及び預金		180,644		546,365	
2．売掛金		238,286		219,685	
3．たな卸資産		12,519		47,515	
4．繰延税金資産		9,838		11,943	
5．その他		7,166		7,438	
貸倒引当金		△626		△639	
流動資産合計		447,828	63.7	832,309	81.4
Ⅱ 固定資産					
1．有形固定資産					
(1)建物		13,518		13,518	
減価償却累計額		△5,195	8,322	△6,747	6,770
(2)工具器具備品		30,035		31,858	
減価償却累計額		△15,910	14,125	△21,366	10,491
有形固定資産合計			22,448	3.2	17,262	1.7
2．無形固定資産					
(1)ソフトウェア		153,925		83,786	
(2)その他		76		76	
無形固定資産合計			154,001	22.0	83,862	8.2
3．投資その他の資産					
(1)投資有価証券	*1	63,447		74,101	
(2)差入保証金		11,440		11,137	
(3)繰延税金資産		1,114		3,036	
(4)その他		2,287		1,149	
投資その他の資産合計			78,290	11.1	89,425	8.7
固定資産合計			254,740	36.3	190,550	18.6
資産合計			702,568	100.0	1,022,860	100.0
(負債の部)					
Ⅰ 流動負債					
1．買掛金		59,379		130,009	
2．未払金		23,440		17,729	
3．未払法人税等		2,221		22,999	

4．賞与引当金			20,930			19,052	
5．その他			15,097			14,363	
流動負債合計			121,068	17.2		204,155	20.0
負債合計			121,068	17.2		204,155	20.0
（少数株主持分）							
少数株主持分			3,280	0.5		3,480	0.3
（資本の部）							
Ⅰ 資本金		＊2	315,500	44.9		415,900	40.5
Ⅱ 資本剰余金			265,500	37.8		366,900	35.9
Ⅲ 利益剰余金			△3,644	△0.5		30,255	3.0
Ⅳ その他有価証券評価差額金			863	0.1		2,169	0.2
資本合計			578,218	82.3		815,224	79.7
負債、少数株主持分及び資本合計			702,568	100.0		1,022,860	100.0

② 【連結損益計算書】

区分	注記番号	前連結会計年度 （自 平成15年4月1日 至 平成16年3月31日）		当連結会計年度 （自 平成16年4月1日 至 平成17年3月31日）	
		金額（千円）	百分比（％）	金額（千円）	百分比（％）
Ⅰ 売上高			907,543	100.0		1,059,496	100.0
Ⅱ 売上原価			481,628	53.1		621,730	58.7
売上総利益			425,914	46.9		437,766	41.3
Ⅲ 販売費及び一般管理費	＊1,2		416,735	45.9		368,017	34.7
営業利益			9,178	1.0		69,748	6.6
Ⅳ 営業外収益							
1．受取利息		21			21		
2．受取配当金		－			400		
3．連結調整勘定償却額		350			－		
4．持分法による投資利益		－			8,454		
					1,333		
5．雇用開発助成金		－					
6．その他		5	377	0.0	298	10,507	1.0
Ⅴ 営業外費用							
1．支払利息		856			542		
2．持分法による投資損失		2,435			－		
3．その他		88	3,379	0.3	88	631	0.1
経常利益			6,176	0.7		79,624	7.5
Ⅵ 特別利益							
1．貸倒引当金戻入益					15	15	0.0
Ⅶ 特別損失		－	－				

区分	注記番号	前連結会計年度 金額（千円）			当連結会計年度 金額（千円）		
1. 違約金損失					20,000		
2. ソフトウエア評価額		—			7,823	27,823	2.6
税金等調整前当期純利益		—	6,176	0.7		51,817	4.9
法人税, 住民税及び事業税		7,003			22,640		
法人税等調整額		—			△4,922	17,718	1.7
少数株主利益		400	7,403	0.8	199		0.0
当期純利益又は投機純損失（△）		130	△1,359	△0.1		33,899	3.2

③【連結剰余金計算書】

区分	注記番号	前連結会計年度（自 平成15年4月1日 至 平成16年3月31日） 金額（千円）		当連結会計年度（自 平成16年4月1日 至 平成17年3月31日） 金額（千円）	
（資本剰余金の部）					
Ⅰ 資本剰余金期首残高			265,500		265,500
Ⅱ 資本剰余金増加高増資による新株の発行		—	—	101,400	101,400
Ⅲ 資本剰余金期末残高			265,500		366,900
（利益剰余金の部）					
Ⅰ 利益剰余金期首残高			△2,633		△3,644
Ⅱ 利益剰余金増加高					
1. 当期純利益		—			33,899
2. 持分法適用会社増加に伴う増加高		347	347	—	
Ⅲ 利益剰余金減少高当期純損失		1,359	1,359	—	—
Ⅳ 利益剰余金期末残高			△3,644		30,255

第16章
ベンチャー企業の起業成功例5

――イマジニア――

◆ **はじめに** ◆◆◆◆◆◆◆◆◆◆◆◆◆◆◆◆◆◆◆◆◆

　イノベーション型成長会社イマジニアを本章では取り上げる．優れたイノベーションを起し，パッケージソフトメーカーからモバイルコンテンツへ転換した実績は高い評価を受けている．それには，これまでのマーケティングの成果が出ていると考えられる．テストマーケティングとしてマーケティングリサーチを行い，高付加価値サービスの導入とモバイルによる各種情報の提供が，成長の要因と考えられる．

　イマジニアは，これらのイノベーションをさらに繰り返すケイパビリティによって，新事業に取り組んでいる．ゴルフサービス会社や教育サービスへの参入を含め，アクティブに行動している．また，ロケットカンパニー，モバイルゴルフオンラインの2社を子会社化し，今後の業態拡大に必要なノウハウを外部から吸収している．ジャスダックにIPOした成功ベンチャー企業として，財務を中心に検討したい．

1. イマジニアの成立と成長

アントレプレナー神蔵孝之により，1986年にイマジニアは東京に起業された．

2005年の資本金は26億6,900万円，従業員数40名である．事業内容は，イマジニア〔2005〕によると① 電気通信システムを利用した画像および情報等の配信サービス，ならびにそのコンサルティングおよびマーケティング業務，② レジャー施設，美容施設および冠婚葬祭施設の予約および集客代行業務，③ 工業所有権，著作権等の知的所有権の取得および使用許諾に関する業務，ならびにキャラクターの版権取得および販売，④ インターネット上のオークションおよびショッピングモールの開設ならびに商品の売買システムの設計，開発，運営および保守，⑤ コンピュータソフトウェアの企画，開発，製造，販売および輸出入，⑥ 日用品雑貨，健康食品，飲料水，美容用品等の企画，開発，製造，卸売，販売および輸出入である．2005年の主な事業内容は，電気通信システムを利用した画像および情報の配信サービス・コンサルティングである．

2. イマジニアの経営戦略

イマジニアは，パッケージソフト会社として起業し，現在のモバイルコンテンツへ事業転換を行った．イマジニア〔2005〕によると，この事業転換は予想以上の急激かつ大きな変化であるため，新しい事業戦略に沿って新たな企業DNAをデザインし，会社運営方法のほとんどすべてを変革した．

その変革，イノベーションの内容は① 組織（事業部制から機能別制へ），② スキル，ノウハウ（会員の獲得メカニズム，因果関係の究明），③ 人事（常に旬な人材が先頭に立つ，逆転，再送転あり），④ 評価基準（顧客満足，社会正義，倫理観，半期俸制，通勤手当，退職金廃止），⑥ 人材配置（年功序列撤廃，スペック重視登用），⑦ 決済制

度（稟議書削減）である．まさにイノベーション型ベンチャー企業といえる．

その結果としてモバイルコンテンツ売上高は，2002年度にはパッケージソフト売上高を抜き，完全に主力事業化，2005年度は，パッケージソフト中心であった2000年度全体売上高を越えて成長した．

3．イマジニアの経営方針

イマジニアとは，「Imagination」と「Engineer」を組み合わせた造語で，「創造を形に変える者」を意味している．これは経営スタンスであり，すべてのステークホルダーとの「共創」による新たな価値の創造に「誠実」に取り組み，高いコストパフォーマンスによる顧客満足を追求した企業活動によって，豊かな社会の実現に向けた貢献を目指している．

利益配分に関する基本方針としては，株主への利益還元を重要な経営政策の一つとしており，株主へ企業価値の最大化と安定した配当による利益還元を，基本方針としている．配当についても，業績の推移や経営環境，今後の設備等の投資計画，キャッシュフロー等を勘案のうえ，安定配当を基本としている[1]．

4．イマジニアの経営成績および財務状態

イマジニアを取り巻く事業環境については，社団法人電気通信事業協会の統計データによると，インターネット接続サービス携帯電話端末の国内累計契約数は，2005年9月末現在で7,600万台に達し，携帯電話契約数全体の86.3％を占めるまでに拡大している．また，第三世代携帯の急速な普及や，定額料金制の浸透を背景として，モバイルインターネットサービスの生活ツール化がより一層進行し，ユーザーの利用機会増加により，従来の課金型コンテンツビジネス以外の市場も急速に拡大している[2]．

イマジニアの連結売上高19億2,087万7,000円，連結経営利益3億9,287

万9,000円,中間連結純利益5億9,145万8,000円となった.事業別としては,①モバイルインターネット事業の売上高16億1,589万2,000円,営業利益5億1,209万1,000円,②ゴルフサービス事業は売上高1億7,121万5,000円,営業損失832万1,000円,③パッケージソフトウェア事業の売上高1億3,379万8,000円,営業利益2,019万1,000円であった.[3]

5. イマジニアのキャッシュフロー

　イマジニアの2005年中間連結会計期間における連結ベースの現金および現金同等物は,10億3,964万2,000円と前事業年度末より1億3,282万6,000円減少となった.なお,中間連結会計期間に,モバイルゴルフオンラインを連結の範囲に含めたことにより,資金の期首残高が8,514万3,000円増加している.①営業活動によるキャッシュフローは資金の増加2億2,805万2,000円であった.これは主に,税金等調整前中間純利益5億8,353万8,000円を計上した一方で,投資有価証券売却益2億376万8,000円,売上債権の増加額9,055万7,000円,未払金の減少額2,786万6,000円,役員賞与の支払額3,240万円等の減少要因を計上したことにより相殺されたものである.②投資活動によるキャッシュフローは中間連結会計期間において,資金の増加は3億9,097万1,000円となった.これは主に資金運用を目的とした有価証券償還による収入1億万円と,投資有価証券の売却による収入15億5,106万2,000円が投資有価証券の取得による支出12億1,388万9,000円により相殺されたものである.③財務活動によるキャッシュフローは,年間連結会計期間において財務活動による資金の減少は,7億5,723万9,000円となった.これは主に短期借入金の返済による支出20億円,担保に供した預金の預け入れによる支出2億1,368万6,000円,配当金の支払い1億2,870万2,000円が,短期の借入れによる収入150億円,ストックオプション行使による収入7,754万9,000円により相殺されたものである.[4]

〔財務資料〕
中間連結財務諸表等
(1) 中間連結貸借対照表

区分	注記番号	当中間連結会計期末 (平成17年9月30日) 金額(千円)		構成比 (%)
(資産の部)				
Ⅰ　流動資産				
1．現金及び預金	*2		1,253,329	
2．受取手形及び売掛金			946,835	
3．たな卸資産			16,294	
4．未収入金			854,072	
5．その他			318,932	
6．貸倒引当金			△44,947	
流動資産合計			3,344,516	37.1
Ⅱ　固定資産				
1．有形固定資産	*1			
(1) 土地		561,278		
(2) その他		195,129	756,408	8.4
2．無形固定資産				
(1) その他		89,530	89,530	1.0
3．投資その他の資産				
(1) 投資有価証券	*2	4,443,295		
(2) その他		469,302		
(3) 貸倒引当金		△77,759	4,834,838	53.5
固定資産合計			5,680,777	62.9
資産合計			9,025,293	100.0

区分	注記番号	当中間連結会計期間末 (平成17年9月30日)	
		金額(千円)	構成比(%)
(負債の部)			
Ⅰ　流動負債			
1．買掛金		11,329	
2．短期借入金	注2	1,500,000	
3．未払金		601,233	
4．営業未払金		487,304	
5．賞与引当金		18,900	
6．その他		97,361	
流動負債合計		2,716,129	30.1
Ⅱ　固定負債			
1．その他		4,700	
固定負債合計		4,700	0.1
負債合計		2,720,829	30.2
(少数株主持株)			
少数株主持分		55,568	0.6
(資本の部)			
Ⅰ　資本金		2,669,000	29.6
Ⅱ　資本余剰金		3,101,918	34.4
Ⅲ　利益余剰金		1,496,910	16.6
Ⅳ　その他有価証券評価差額金		△319,961	△3.6
Ⅴ　自己株式		△698,971	△7.8
資本合計		6,248,895	69.2
負債,少数株主持分及び資本合計		9,025,293	100.0

（2）中間連結損益計算

区分	注記番号	金額（千円）		百分比（％）
		当中間連結会計期間 （自　平成17年4月1日 至　平成17年9月30日）…		
Ⅰ　売上高			1,920,877	100.0
Ⅱ　売上原価			1,027,279	53.5
売上総利益			893,597	46.5
Ⅲ　販売費及び一般管理費	＊1		530,368	27.6
営業利益			363,229	18.9
Ⅳ　営業外収益				
1．受取利息		1,231		
2．有価証券利息		1,109		
3．受取配当金		31,353		
4．為替差益		6,065		
5．その他		6,460	46,221	2.4
Ⅴ　営業外費用				
1．支払利息		7,164		
2．組合出資金運用損		9,301		
3．その他		105	16,570	0.8
経常利益			392,879	20.5
Ⅵ　特別利益				
1．投資有価証券売却益		203,768	203,768	10.6
Ⅶ　特別損失				
1．投資有価証券売却損		8,108		
2．固定資産除却損	＊2	5,001	13,109	0.7
税金等調整前中間純利益			583,538	
法人税，住民税及び事業税		2,080		
法人税等調整額		△4,467	△2,387	△0.1
少数株主損失			5,532	0.3
中間純利益			591,458	30.8

(3) 中間連結余剰金計算書

区分	注記番号	金額（千円）	
（資本余剰金の部）			
Ⅰ　資本剰余金期首残高			3,163,492
Ⅱ　資本剰余金減少高			
1．自己株式処分差損		61,574	61,574
Ⅳ　資本剰余金中間期末残高			3,101,918
（利益余剰金の部）			
Ⅰ　利益剰余金期首残高			1,090,408
Ⅱ　利益剰余金増加高			
1．中間純利益		591,458	591,458
Ⅲ　利益剰余金現象高			
1．配当金		152,556	
2．役員賞与		32,400	184,956
Ⅳ　利益剰余金中間期末残高			1,496,910

(4) 中間連結キャッシュ・フロー計算書

区分	注記番号	金額（千円）
Ⅰ　営業活動によるキャッシュ・フロー		
税金等調整前中間純利益		583,538
減価償却費		19,082
連結調整勘定償却額		7,398
貸倒引当金の減少額		△7,209
賞与引当金の増加額		18,900
受取利息及び受取配当金		△33,090
支払利息		7,164

	為替差益		△5,388
	投資有価証券売却益		△203,768
	投資有価証券評価額		8,108
	組合出資金運用損		9,301
	固定資産除却損		5,001
	租税公課		9,753
	売上債権の増加額		△90,557
	たな卸資産の増加額		△8,010
	前渡金の増加額		△9,566
	未収入金の増加額		△9,357
	仕入債務の減少額		△10,118
	未払金の減少額		△27,866
	営業未払金の減少額		△9,278
	預り金の減少額		△24,855
	仮受金の増加額		7,350
	前受金の増加額		23,310
	役員賞与の支払額		△32,400
	未払消費税等の増加額		7,502
	その他		△819
	小計		234,123
	利息及び配当金の受取額		33,093
	利息の支払額		△7,014
	法人税等の支払額		△32,150
	営業活動によるキャッシュ・フロー		228,052
Ⅱ	投資活動によるキャッシュ・フロー		
	有形固定資産購入による支出		△27,961
	無形固定資産購入による支出		△13,389
	有価証券償還による収入		100,000
	投資有価証券取得による支出		△1,213,889
	投資有価証券売却による収入		1,551,062
	組合出資金の出資による支出	＊2	△6,761
	新規連結子会社の取得による支出		33,356
	会員権償還による収入		△58,612
	敷金保証金の預入による支出		△16,015
	短期貸付金回収による収入		2,000
	その他		3,682
	投資活動によるキャッシュ・フロー		390,971

Ⅲ	財務活動によるキャッシュ・フロー		
	短期活動によるキャッシュ・フロー		
	短期借入による収入		1,500,000
	短期借入金返済による支出		△2,000,000
	担保に供した預金の預入による支出	＊1	△213,686
	少数株主に対する株式発行による収入		14,000
	ストックオプション行使による収入		77,549
	長期借入金返済による支出		△6,400
	配当金の支払		△128,702
	財務活動によるキャッシュ・フロー		△757,239
Ⅳ	現金及び現金同等物に係る換算差額		5,388
Ⅴ	現金及び現金同等物の減少額		△132,826
Ⅵ	現金及び現金同等額の期首残高		1,087,326
Ⅶ	連結範囲変更に伴う現金及び現金同等物の増加額		85,143
Ⅷ	現金及び現金同等物の中間期末残高	＊1	1,039,642

中間連結財務諸表作成のための基本となる重要な事項

項目	当中間連結会計期間 （自　平成17年4月1日 　至　平成17年9月30日）
1．連結の範囲に関する事項	(1) 連結子会社の数　2社 　　主要な連結子会社名 　　モバイルゴルフオンライン㈱ 　　ロケットカンパニー㈱ 　　モバイルゴルフオンライン㈱及びロケットカンパニー㈱については，新たに株式を取得したことから，当中間連結会計期間より連結の範囲に含めている． (2) 非連結子会社の名称等 　　Imagineer STD (HK) Limited. 　　（連結の範囲から除いた理由） 　　非連結子会社は，いずれも小規模であり，合計の総資産，売上高，中間純損益（持分に見合う額）及び利益剰余金（持分に見合う額）等は，いずれも中間連結財務諸表に重要な影響を及ぼしていないためである．

2．持分法の適用に関する事項	持分法を適用していない比連結子会社（Imagineer STD (HK) Limited.）は，中間純損益（持分に見合う額）及び利益剰余金（持分に見合う額）等からみて，持分法の対象から除いても中間連結財務諸表に及ぼす影響が軽微であり，かつ，全体としても除外している．
3．連結子会社の中間決算日等に関する事項	すべての連結子会社の中間期の末日は，中間連結決算日と一致している．
4．会計処理基準に関する事項	(イ) 重要な資産の評価基準及び評価方法 ① 有価証券 　その他有価証券 　　時価のあるもの 　　　中間決算日の市場価格等に基づく時価法 　　　（評価差額は全部資本直入法により処理し，売却原価は移動平均法により算定） 　　時価のないもの 　　　移動平均法による原価法 ② たな卸資産 　総平均法による原価法 (ロ) 重要な減価償却資産の減価償却の方法 ① 有形固定資産 　定率法 　　ただし，平成10年4月1日以降に取得した建物（附属設備を除く）については，定額法の主な耐用年数は次のとおりである． 　　　建物　　　　　7〜42年 　　　構築物　　　　2〜30年 　　　車輌　　　　　4年 　　　工具器具備品　2〜15年 　定額法 　　自社利用ソフトウェア 　　　社内における利用可能期間（5年）に基づく定額法 ② 長期前払費用 　定額法 (ハ) 重要な引当金の計上基準 ① 貸倒引当金 　債権の貸倒れによる損失に備えるため，一般債権については貸倒実績率による計算額を，貸倒懸念債権等特定の債権については，個別に回収可能性を検討し，回収不能見込額を計上している．

		② 賞与引当金 　従業員への業績連動型賞与の支給に備えるため，支給見込額に基づき計上している． （追加情報） 　賞与引当金 　　当期において業績連動型賞与について，将来の見込額を新たに賞与引当金として計上した． ㈡ 重要なリース取引の処理方法 　リース物件の所有権が借主に移転すると認められるもの以外のファイナンス・リース取引については，通常の賃貸借取引にかかわる方法に準じた会計処理によっている． ㈤ その他中間連結財務諸表作成のための基本となる重要な事項 　消費税等の会計処理方法 　　消費税等の会計処理は，税抜方式を採用している．
5．中間連結キャッシュ・フロー計算書における資金の範囲		中間連結キャッシュ・フロー計算書における資金（現金及び現金同等物）は，手許現金，随時引き出し可能な預金及び容易に換金可能であり，かつ，価値の変動について僅少なリスクしか負わない取得日から3ヶ月以内に償還期限の到来する短期投資からなっている．

出所）イマジニア〔2005：8-16〕

◆ おわりに

　モバイルコンテンツにおいて180万人の会員をもち，さらにKDDIとのコラボによって教育サービス産業にも進出しているイマジニアを，今回は取り上げた．中間事業報告書（第29期）によると，連結中間売上高1,920百万円，同中間経常利益392百万円，同中間純利益591百万円，同中間経常利益は前年同期の2.7倍となる461百万円，同中間純利益は前年同期の3.1倍となる653百万円と大幅増益を達成している．

　また，コンテンツ開発においてもゴルフサービス，教育サービスを次期の主力として力を入れている．アントレプレナー神藏孝之に率いられ，次の高いステージへと進んでゆくと考えられる．出口経営戦略を達成したベンチャー企業

がどのような経営戦略を駆使するか注目していきたいと考える．

注）
1）イマジニア〔2005〕「中間決算短信（連結）」p.3
　　内部留保金については，将来的な企業価値の向上を図るための投資に活用する．
2）イマジニア〔2005〕同上書　p.4
　　モバイル中核企業としてのポジションのさらなる確立を目指している．
3）イマジニア〔2005〕同上書　p.4
　　ロケットカンパニーとモバイルゴルフオンラインの2社を子会社化し，今後の業容拡大を見据え，必要となるアセットやノウハウを積極的に外部から取得した．
4）イマジニア〔2005〕同上書　p.6

参考文献）
イマジニア〔2005〕「第28期事業報告書」イマジニア
イマジニア〔2005〕「第29期事業報告書」イマジニア
イマジニア〔2005〕「中間決算短信（連結）」イマジニア
イマジニア〔2005〕「イマジニアの成長戦略」イマジニア

著者紹介

宮　脇　敏　哉（みやわきとしや）

1955 年　宮崎県出身
1977 年　関東学院大学経済学部経済学科卒
1978 年　早稲田大学システム科学研究所経営科学講座マーケティング専攻修了
1979 年　大手流通会社勤務後，アントレプレナーとして FC 型ベンチャー企業を起業，その後，会社経営，経営コンサルタントを経て
2003 年　文部科学省技術振興事業団環境経営格付機構格付委員
2004 年　九州情報大学大学院経営情報学研究科博士前期課程経営情報学専攻修了
2004 年　山口大学大学院東アジア研究科後期博士課程東アジア専攻（企業経営）在籍
2005 年　福岡国際大学国際コミュニケーション学部国際コミュニケーション学科講師
2005 年　独立行政法人中小企業基盤整備機構支援コーディネーター
2005 年　九州国際大学経済学部経営学科講師

専門：経営学
（ベンチャー企業論，経営戦略論，マーケティング論，経営財務論，環境経営論）

主要著書：
〔2005〕『ベンチャー企業概論』創成社
〔2005〕『ベンチャー企業経営戦略』税務経理協会
〔2005〕『TAX&LAW 事業再生の実務―経営・法務・会計・税務』（共著）第一法規
〔2005〕『経営診断学の基礎理論と未来展望』（共著）同友館

主要論文（査読付）：
〔2003〕「環境経営におけるベンチャー企業」日本工業新聞社
〔2005〕「ベンチャー企業研究の一考察―アントレプレナーの人物像―」同友館

索引

あ行

IM　49
IPO　1, 125
アドバンテスト　174
アーリーステージ期　37
アルカテル　94
アン・インスティチュート　91
アンジェスエムジー　55
アントレプレナー　7
一般原則　110
一般的目的　130
イノベーション　69
イマジニア　1, 212
インキュベイトキャピタルパートナーズ　26
インキュベーション施設　22
インテル　60
イントラプレナー　159
インフォニオン・テクノロジーズ　94
インベストファンド　38
受取手形　140
売上原価率　145
売上高経常利益率　140
売上高総利益率　140
売上高当期利益率　140
売上高利益率　144
売掛金　140
エー・アイ・キャピタル　42
ARD　25
営業報告書　104, 140
エクイティファイナンス　37
SBDC　70
エヌ・アイ・エフベンチャーズ　17, 39
MIT　60
M&A　1
MOT　54
MBO　162
エリクソン　94
LSI 設計データ　204
エンジェルファンド　12
エンビロインフォメーションテクノロジー　54
エンビロメント　54

大阪証券取引所　159
大阪商工会議所　8
大阪大学連携型起業家育成施設　86
オデオン　91
オランダ・ゲノミクス・イニシアティブ　93
オリエントリース　159

か行

買掛金　140
回路設計図　204
確定資本制度　105
貸方　140
神奈川サイエンスパーク　22
株式会社　105
株式店頭公開　189
借方　140
環境経営　175
勘定科目　106
管理会計　131, 132
企業会計原則　104, 110
企業目標　125
基本的目的　129
キャッシュフロー　129
キャッシュフロー経営　129
キャッシュマネジメント　128
キャピタリスト　20
キャピタルゲイン　43
京都リサーチパーク　22, 82
清成忠男　10
記録機能　120
クリエイション・コア東大阪　86
グローバルベンチャーキャピタル　14
経営管理機能　122
経営組織　147
経営方針　125
経営理念　125
継続性の原則　115
携帯電話用音源 IP　203
KED　29
ケイパビリティ　157
けいはんなプラザ　3
コア・コンピタンス　66

コアスキル　50
固定資産　140
コーポレートガバナンス　147
コラー・キャピタル　16
コンパック　42

　　　　　さ　行

財産保全機能　122
財務会計　131
　　──情報　116
財務管理　127
財務状況　126
財務諸表附属明細書　104
財務評価　126
財務レバレッジ　134
さかい産業プラザ　86
産学連携推進会議　49
産学官連携　1
サン・マイクロシステムズ　41, 90
JESSI　95
CSR　165
ジェノバ　101
COO　165
事業部制　147
事業部制組織　154
資金の三角形　111
自己資本比率　142
自己資本利益率　133
資産回転率　145
システムLSI　189
実数法　142
質的目的　130
シード期　36
シナジー　55
支払手形　140
資本回転率　144
資本金　140
資本剰余金　106
資本利益率　142
私募　26
ジャスダック　2-3
ジャストシステム　188
ジャフコ（JAFCO）　21, 26
商業帳簿　101
少人数私募方式　27
剰余金区分の原則　114
賞与引当金　140

職能別組織　154
シリコンバレー　8
新産業創生　48
真実性の原則　114
進藤晶弘　201
スタートアップ期　37
ステープル　42
ストックオプション　7
正規の簿記の原則　114
静態比率　117, 142
成長期　37
総資本利益率　132
測定　120
　　──機能　122
組織論　152
ソニーコンピュータサイエンス研究所　87
ソフトバンクインベストメント　55
SOHO　7
損益計算書原則　110
損益計算書　103, 140
損失処理計算書　104

　　　　　た　行

大学等技術移転促進法　96
大学発ベンチャー　49
第三世代携帯電話網　193
貸借対照表　103, 140
　　──原則　110
退職給与引当金　140
ダートマス事件　88
単一性の原則　115
短期借入金　140
単式簿記　100
地球環境憲章　175
地球環境保全委員会　175
知識社会　95
知的クラスター創生事業　57
知的財産　83
中外製薬　49
中期経営計画　125
DEC　41
TLO　48
テイラー, F. W.　150
テクノフロンティア堺　86
テクノポリス計画　96
伝達　120

──機能　122
　伝統的管理論　150
　当座業績主義損益計算書　119
　東京証券取引市場第一部　189
　東京大学　54
　当座比率　117, 142
　投資　140
　投資事業組合　21
　動態比率　142
　トップダウン式　156
　ドメイン　1
　ドラッカー, P. F.　83
　トランスジェニック　73

な 行

　中村秀一郎　10
　名古屋証券取引所　159
　ナスダック・ジャパン　22, 26
　ナノテクノロジー　1
　日本合同ファイナンス　30
　日本ミニコンピュータ　175
　ニュージャージー・ベル電話会社　152
　ニューヨーク証券取引所　159
　ノイアマルクト　91
　納税引当金　140

は 行

　バイオ・サイエンスパーク　93
　バイオテクノロジー　1
　バイオベンチャー企業　15
　ハイデルベルグ・テクノロジーパーク　91
　バイ・ドール法　52, 89
　ハイリスク・ハイリターン　1
　バーナード, C. I.　152
　バビロニア　101
　浜松ホトニクス　65
　バリュー　165
　バロアロト　23
　B/S　139
　ヒエラルキー　148
　P/L　139
　ビジョン　68
　ヒューレット・パッカード　65
　平尾光司　10
　比率法　142

　ファイロ, D.　90
　ファブレスメーカー　188
　ファヨール, H.　151
　フィーチャーベンチャーキャピタル　39
　フィレンツェ　101
　フェデラルエクスプレス　42
　フェローテック　188
　フォレックス　13
　複式簿記　100
　負債比率　142
　藤木英幸　202
　付属明細書　104, 140
　フットワークエクスプレス　159
　フードバレー　93
　部門別方針　126
　プライムコンピュータ　42
　ブランド力　125
　プリンシパル・インベストメント・グループ　162
　ブロードバンドネットワーク　193
　ヘネシー, J.　89
　ベンチャーキャピタル　12
　ベンチャークラスター　66
　ベンチャービジネスKANSAI　32
　ベンチャー企業　1
　包括主義損益計算書　119
　簿記　99
　保守主義の原則　115

ま 行

　マイクロソフト　67
　マイクロプロセッサ　61
　マイルストーン投資　37
　マザーズ　55, 208
　マックス・ブランク協会　93
　マッチング・ファンド　73
　マネジメント・バイアウト　16
　マリアキャピタル　13
　三井鉱山マテリアル　78
　ミッション　68-69
　ミップス・テクノロジー　90
　未払金　140
　宮内義彦　159
　無形固定資産　140
　明瞭性の原則　114
　メディア・プラス　94
　メリル法　88

メンター　20
モトローラ　68
モバイルゴルフオンライン　212
モバイルコンテンツ　212

や 行

ヤフー　90
ヤン，J.　90
有形固定資産　140
U.S.リーシング社　159
ユニバーシティ・チャレンジ・ファンド　45
EUREKA　94
預金　140
余剰金　140

ら 行

利益準備品　140
利益処分案　139-140

リオン・ビオサイエンス　91
リサーチパーク　49
リビングデッド　12
流動資産　140
流動比率　117, 142
流動負債　140
リーランド・スタンフォード　67
ルート　128
ロケットカンパニー　212
ロータス　41
ロック，A.　29
ロリンソン，M.　20

わ 行

ワールド　40
ワールドストアパートナーズ　40

ベンチャー企業産学官連携と財務組織

2006年4月10日　第一版第一刷発行

著　者　宮　脇　敏　哉
発行者　田　中　千津子
発行所　㈱学　文　社
東京都目黒区下目黒3-6-1
郵便番号 153-0064　電話（03）3715-1501（代表）　振替00130-9-98842

乱丁・落丁本は，本社にてお取替致します。　　印刷　株式会社亨有堂印刷所
定価は，カバー，売上げカードに表示してあります。〈検印省略〉

ISBN4-7620-1541-5